短视频
文案编写
从入门到精通
108招

谭俊杰 ◎ 编著

清华大学出版社
北京

内 容 简 介

本书包括10章专题内容、108个干货技巧，从短视频文案的市场调研、标题撰写、视频策划、脚本设计等内容切入，帮助您从短视频文案策划新手成为高手。

全书具体内容包括9种市场调研方式，为文案策划做好准备；14种视频文案撰写技巧，为短视频内容画龙点睛；9种视频策划方法，打造热门剧本；12种视频情节，利用常见套路吸引粉丝；11种引流话术，多渠道引爆流量；10种评论话术，提高粉丝黏性；11种直播策划，挖掘团队价值；12个直播内容，进行精准引流；10种直播标题，提高主播人气；10种带货话术，激发用户的购买欲望。

全书结构清晰，案例丰富，适合对短视频文案感兴趣的读者阅读，特别是快手、抖音、B站、视频号等平台的运营者，同时也可作为各院校的指导教材。

本书封面贴有清华大学出版社防伪标签，无标签者不得销售。
版权所有，侵权必究。举报：010-62782989，beiqinquan@tup.tsinghua.edu.cn。

图书在版编目(CIP)数据

短视频文案编写从入门到精通：108招/谭俊杰编著. —北京：清华大学出版社，2021.4（2024.8重印）
ISBN 978-7-302-57900-7

Ⅰ.①短… Ⅱ.①谭… Ⅲ.①网络营销—营销策划 Ⅳ.①F713.365.2

中国版本图书馆CIP数据核字(2021)第060971号

责任编辑：	张　瑜
封面设计：	杨玉兰
责任校对：	周剑云
责任印制：	宋　林

出版发行：清华大学出版社
　　　　网　　址：https://www.tup.com.cn，https://www.wqxuetang.com
　　　　地　　址：北京清华大学学研大厦A座　　　邮　编：100084
　　　　社 总 机：010-83470000　　　　　　　　　邮　购：010-62786544
　　　　投稿与读者服务：010-62776969，c-service@tup.tsinghua.edu.cn
　　　　质量反馈：010-62772015，zhiliang@tup.tsinghua.edu.cn

印 装 者：天津鑫丰华印务有限公司
经　　销：全国新华书店
开　　本：170mm×240mm　　印　张：16　　字　数：254千字
版　　次：2021年6月第1版　　印　次：2024年8月第4次印刷
定　　价：66.00元

产品编号：064725-01

推荐语

卜运华 | 资深媒体人

短视频跟快餐一样，最核心的就是要"抵饱"，即不能只有其表，本身得质量过硬。这本书就怎样做好短视频内容，进行了系统梳理和剖析，给出了视频文案创作的方向和要领！

管顺生 | 主任记者、永州广播电视台责编

短视频到底是注重内容还是注重形式？怎么编写吸人眼球的文案？谭老师的这本书给出了明确的答案，值得你用心阅读！

蒋新平 | 湖南和顺新电子商务有限公司董事长

短视频与直播带货赋能企业解困前行，未来市场发展还将持续加速，本书紧扣文案，从调研到策划，从运营到变现，都做了全面的讲解。

徐四海 | 湖南四海影业集团总经理、行业知名导演

谭老师在视频创作这一领域有较深研究，关键时刻总是能思考出一些引人向上的爆款，在短视频盛行的当下，内容为王更为重要，而文案承载了许多市场营销与运营的功能，这本书做了充分诠释。

黄强 | 自媒体大 V

作为自媒体人，一直看重的是短视频上热点，没有顾及内容俗套还是新鲜。读了谭老师的这本书，豁然开朗，精彩的内容，从来都不是空穴来风，而是经过各个细节的深思熟虑与磨合形成的，紧阅读！

前言

在当今这个信息爆炸的快节奏时代,我们期望在同样的时间里能够接收尽量多的信息,短视频理所当然地成为大众娱乐消遣的新时尚。今年久未露面的罗永浩也突然在微博上宣布要开直播,他虽"迟到",但还是来了,而且来势汹汹,战果丰硕。在短视频与直播带货盛行的今天,怎样才能打造出爆款视频,怎样做才能与时代接轨?这是本书诞生的背景。

短视频跟快餐一样,最核心的就是要"抵饱",即使你包装再好,但吃完之后不抵饱是没有用的。短视频不仅要有一个合适的产量,更重要的是要保证质量。很多团队在内容和形式这两个点上有过一些争论,到底是注重内容还是注重形式?当然,如果能将两者都做到最优那是最好不过了,但作为一个新手团队不可能内容和形式都做得非常好,最终讨论的结果就是一定要在内容和策划的时候把好关。形式再好,内容空泛,一切也将会徒劳无功,因此"内容为王"在任何时代都不会过时。

你的短视频追上热点了吗?视频中的人物情境落入俗套还是充满新鲜感呢?有没有精彩点呢?精彩点的分布区域合理吗?这些都是值得每一个自媒体或新媒体运营者思考的范畴。精彩的内容,从来都不是空穴来风,而是要经过各个细节的深思熟虑与打磨形成的。内容的来源,可以用一句话来归纳:家事国事天下事,但它必须是老百姓最关心的事。而说事也要讲究方式方法,即使是一件好事,但你总是絮絮叨叨,没完没了,最终也只能落得个吃鸡肋的下场。要想让一件事说起来好听,关键是要学会讲故事。

文案作为短视频不可缺少的重要因素,在塑造人物和讲述故事上发挥着重要作用,第一点是有创新,第二点是因果关系正反面,第三点是制造意外惊喜,第四点是传递正能量。就算是翻拍经典故事,也要有创新,还要有反转,因为没有人喜欢吃冷饭,但主题风格绝对不能脱离社会正能量这个正轨。一段爆款视频离不开一份热门的文案。"点赞、评论、转发"是一条爆款的三个要素。视频平平靠文案,即取巧,属于短视频文案中的"标题党",通过钻"算法"的空子,用相对空泛的视频内容配合精心设计的文案,虽然可能短期会吸引来关注,但非原创难以长久。视频与文案互动,两者相互补足,这也是日常运营者最常使用的方式。

除了粉丝量较多的运营者之外,对更多运营者而言,"爆款"可遇而不可求,在成为流量王之前，运营短视频的团队能做的就是"练好内功"——用扎实的测试规避平台雷区，用可以复制的方法进行头脑风暴，这样才不用总是"靠运气"。

最后，套路千千万，文案的基本功是真诚。未来的商务载体，没有短视频与直播模块就不是健全的商事主体，在这个飞速发展的时代，不管我们从事什么职业，思维创新迭代、消费焦距研究与新工具的掌握等都必不可少。而恰处风口上的短视频带货与直播电商，不仅是迭代的缩影、研究的开端，更是新零售数字化的新工具，因为这成了商品与品牌抵达用户的最短捷径。

本书汇聚了作者多年沉淀的文案撰写经验，结合企业突围面临的实际困难，以及短视频的未来前景及现实困惑，重点介绍了短视频账号的基本运营方式、文案的编写、粉丝的引流、企业的带货，力图帮助企业尽快成功转型。

本书由谭俊杰编著，参与编写的人员还有严不语等人，在此一并表示感谢。由于作者知识水平有限，书中难免有错误和疏漏之处，恳请广大读者批评、指正。

编　者

CONTENTS 目录

第 1 章　市场调研　创作成功文案的基石 ... 1
- 001　体现文案价值 ... 2
- 002　创作者的素质 ... 5
- 003　文案创作核心 ... 6
- 004　让文案更吸睛 ... 9
- 005　选择平台类型 ... 12
- 006　确定视频内容 ... 13
- 007　进行用户定位 ... 15
- 008　市场调研分析 ... 16
- 009　介绍调查类型 ... 18

第 2 章　视频文案　快速吸引用户注意力 ... 23
- 010　玩转文字技巧 ... 24
- 011　文案写作思路 ... 27
- 012　文案营销禁区 ... 31
- 013　标题撰写要素 ... 36
- 014　福利类型标题 ... 37
- 015　励志类型标题 ... 38
- 016　冲击类型标题 ... 39
- 017　悬念类型标题 ... 40
- 018　借势类型标题 ... 41
- 019　警告类型标题 ... 42
- 020　急迫类型标题 ... 43
- 021　观点类型标题 ... 43
- 022　独家类型标题 ... 45
- 023　数字类型标题 ... 45

第 3 章　视频策划　让用户为你击节赞叹 ... 47
- 024　搭建视频团队 ... 48
- 025　剧组人员分工 ... 52
- 026　剧本基本格式 ... 59

027	剧本创作要素	68
028	剧本创作原则	69
029	剧本创作技巧	71
030	优秀剧本的特点	72
031	热门剧本的类型	73
032	剧本创作步骤	75

第4章 视频情节 掌握起承转合的艺术 …… 77

033	视频定位清晰	78
034	幽默反转剧情	79
035	狗血套路剧情	81
036	时事新闻视频	82
037	满足猎奇心理	84
038	满足学习心理	85
039	满足感动心理	86
040	满足抚慰心理	87
041	满足消遣心理	88
042	满足怀旧心理	89
043	满足私心心理	90
044	满足窥探心理	91

第5章 引流话术 让百万粉丝之梦腾飞 …… 93

045	基本引流技巧	94
046	账号信息引流	103
047	账号背景引流	104
048	视频内容导流	105
049	利用好评论区	106
050	利用好信息流	107
051	男性用户引流	108
052	女性用户引流	110
053	鞋子服饰引流	111
054	减肥产品引流	113
055	美妆产品引流	114

第6章 评论话术 引起大量用户的围观 …… 117

| 056 | 善用流量添彩 | 118 |

057 撰写"神评论" ... 125
058 体现视频价值 ... 128
059 完善视频内容 ... 130
060 挖掘全新选题 ... 131
061 进行自我评论 ... 132
062 回复用户评论 ... 132
063 评论文案要旨 ... 133
064 维护好评论区 ... 134
065 回复评论要旨 ... 139

第 7 章 直播策划 挖掘团队最大的价值 ... 149

066 直播主要形式 ... 150
067 网络直播形式 ... 151
068 直播类型分析 ... 152
069 直播渠道策划 ... 157
070 直播内容来源 ... 162
071 直播文案写作 ... 166
072 直播文案特质 ... 170
073 直播活动策划 ... 171
074 包装好直播室 ... 175
075 直播脚本策划 ... 176
076 塑造个人特色 ... 180

第 8 章 直播内容 满足需求和解决痛点 ... 183

077 明确内容模式 ... 184
078 确定直播方向 ... 185
079 展示产品实物 ... 188
080 展示产品组成 ... 189
081 把握特点热点 ... 189
082 获得用户好感 ... 192
083 增强用户黏性 ... 193
084 传授用户知识 ... 193
085 用户直接参与 ... 194
086 邀请明星高手 ... 195
087 CEO 亲自上阵 ... 196

| | 088 | 创新直播营销 | 197 |

第9章 直播标题 提高直播间的人气 199

	089	分享自己经验	200
	090	利用专家权威	200
	091	设置疑惑标题	202
	092	十大总结标题	203
	093	进行同类对比	204
	094	使用借势标题	204
	095	使用流行词汇	209
	096	使用文学手法	210
	097	使用热词标题	213
	098	使用数字标题	218

第10章 带货话术 激发消费者购买欲望 225

	099	提高表达能力	226
	100	掌握聊天技巧	232
	101	了解销售语言	234
	102	策划直播方案	236
	103	欢迎用户话术	238
	104	提问引导用户	238
	105	引导用户助力	239
	106	推销产品话术	239
	107	引导用户购买	241
	108	回答问题话术	243

第 1 章

市场调研
创作成功文案的基石

要想写好短视频文案,就一定要了解文案的特点、掌握定位和市场调研的方法。只有准确地了解了平台、内容的特点和用户需求之后,短视频运营者才能更好地把握写作方向。

本章主要讲述了文案的特点、市场调研和定位的方法,学完之后会让你的文案创作变得有理有据,方向更加明确。

001 体现文案价值

在现代商业竞争中，精彩的文案往往能够让一个企业在众多的同类型公司中脱颖而出。文案是竞争的利器，更是企业的核心和灵魂所在。

如图 1-1 所示，该短视频广告文案就是通过突出毛笔的柔软度和顺滑度，表现出该产品书写时的优势。

图 1-1 某毛笔的短视频广告文案

对于企业而言，一份优质的文案可以促进品牌推广，提高人气和影响力，进而提升企业声誉，帮助企业获得更多用户。总而言之，文案的作用是十分广泛的，尤其是在当今广告业蓬勃发展的商业社会更是如此。

文案在网络营销推广中之所以起着举足轻重的作用，主要是因为一个好的文案能为企业的店铺带来大量流量。如果企业或个人将这种流量加以转化，就可以变成一种可观的商业价值。

在众多的网络推广方式中，短视频文案以可看性强、流通性广和效果持久等特点而广受企业或个人的追捧。至于短视频文案的作用，笔者个人认为主要包括以下3点。

1. 提高关注度

同一时间段发布大量的短视频文案，可以很快地使推广的产品或内容获得广泛关注。这一点对于新产品的宣传推广来说特别重要，正是因为如此，许多企业在新产品推出之后，都会通过对应的文案来进行宣传推广。

如图 1-2 所示，为小米手机的短视频文案，它便是通过展示新品宣传视频来宣传新品，提高新品的关注度的。

图 1-2　小米手机的短视频文案

2. 增强信任感

通过短视频平台进行营销，最主要的一个问题就是用户对于短视频运营者的信誉会有所怀疑。因此，短视频运营者在短视频文案的创作过程中，可以宣传自己公司的形象、专业的领域，尤其是借助敏锐的洞察力发现并解决用户的实际问题，从而增强用户对短视频运营者的信任感。

如果短视频文案的内容与用户切身利益相关，并能为用户提供有建设性的帮助和建议，那么短视频文案就能更好地影响用户，让用户对短视频运营者多一份真诚和信任感。

如图 1-3 所示，该短视频便是通过对拍摄教程的说明和拍摄结果的展示，让用户看到了短视频运营者在拍摄技巧方面的专业性和拍摄方案的可行性。因此，许多用户看到该短视频之后，都会对该短视频运营者发布的内容产生信任感。

3. 传播价值观

文案不同于广告，这主要是因为文案很大程度上带有个人的分析在里面，而不只是将内容广而告之，这也属于自己的价值观的一种表达。在短视频文案中不仅可以表达自己的观点，而且可以宣传产品，引导用户消费。如果短视频中的内容获得了用户的认同，还可以吸引相同观点的朋友共同讨论进步。

图 1-3　通过短视频文案增强信任感

如图 1-4 所示，该短视频运营者就是通过短视频内容来向用户传播"每一份不起眼的工作，都有它背后的价值"这种观念的。

图 1-4　通过短视频文案传播价值观

002 创作者的素质

对于品牌推广而言,对内对外的宣传都是极为重要的。专业的文案创作者对于品牌推广的作用和影响是十分重要的。

文案创作者主要分为 3 类,具体如下所述。

(1)属于公司自己的文案人员。

(2)公司花重金请来的自由撰稿人士。

(3)普通的内容创业者。

不管是哪一类文案创作者都需要具备相关的基本素质。除了必备的工作素养之外,文案创作者还应该有很强的沟通和协调能力,因为在日常工作中还需要与设计师和运营人员沟通,通过相互协作来完成工作任务。

1. 文案创作者的基本能力

文案所涉及的领域有很多,不同职位对于文案人员的能力要求不尽相同。通常来说,在职位招聘中,对文案人员的能力要求主要集中于 4 个方面,相关的信息分析如图 1-5 所示。

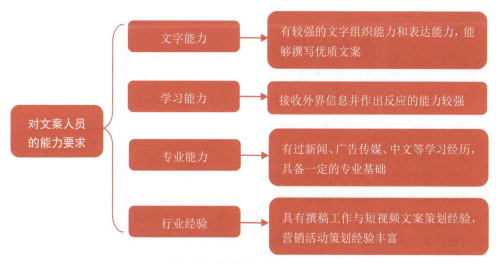

图 1-5 对文案人员的能力要求

2. 与相关人员做好沟通协作

文案创作的工作内容并不是独立存在的,在文案创作中,设计师和文案编辑人员以及运营人员是需要充分沟通、相互配合的。

文案创作者要和运营者充分沟通，明确文案营销目的以及该阶段运营所要获得的效果；设计师要了解文案内容，使创意的视觉效果得到最大限度的发挥；运营者要让文案创作者和设计师的工作成果传播得更加快速，以扩大宣传的影响力。

为了让短视频文案的项目成果得到落实，三者在沟通时就要注意4个方面的内容，如图1-6所示。

图1-6 沟通时要注意的内容

003 文案创作核心

如何把握文案创作的核心，快速打造吸睛的短视频文案呢？本节笔者将从挖掘用户的痛点、拉近与用户的距离以及体现文案的价值这3个方面进行探讨。

1. 挖掘用户的痛点

企业要想让自己的短视频文案成功吸引用户的注意力，就需要将短视频文案变得更有魔力，这种魔力可以从用户"痛点"中获取。此处所谓的"痛点"是指用户在正常生活中所碰到的问题、纠结和抱怨。对于用户而言，如果这种问题不能得到解决，那么他们就会浑身不自在，甚至会感到痛苦。

如果文案创作者能够将用户存在的"痛点"体现在短视频文案中，并且提出解决方法，那么这样一个短视频文案，就会快速吸引一部分用户的注意力。

如图1-7所示，该短视频文案就直接击中了用户对于孩子挑食的痛点。对于家长来说，挑食是孩子成长过程中常见的问题。因此，在看到该短视频中的产品能够解决这些痛点时，用户自然就会对短视频中的产品多一分兴趣。

总之，消费者在生活当中遇到的不好解决的问题，就叫"痛点"。文案撰写者需要做的就是发现消费者的"痛点"。以这个"痛点"为核心，找到解决"痛点"的方法，并且将解决方法和企业产品联系在一起，最后巧妙地融入文案的主题中，明确地传递给受众一种有价值的信息，帮助他们找到解决问题的方案。

"痛点"的挖掘是一个长期运作的过程，不可能马上完成，更不可能一步到位。它属于细节上的问题，同时也是消费者最敏感的细节。短视频文案创作者可以从细节上开始挖掘，哪怕一两个也好，再认真体会用户的需求，通过文案为痛点的解决提供方案，这样创作出的文案才能触动短视频用户的心弦。

图1-7 解决痛点的短视频文案

2. 拉近与用户的距离

撰写一个优秀短视频文案的第一步，就是寻找用户感兴趣的话题。对此，短视频运营者可以搜索相关的资料并加以整理运用，创作出用户感兴趣的内容，消除与用户之间的陌生感，让用户对短视频文案产生认同感，从而取得他们的信任。

我们要记住一点，短视频文案的受众是广大的用户，这是文案创作的基本前提和要素。不同类型的用户对文案的需求也是不一样的。那么，在创作文案的时候，到底应该如何把用户放在第一位呢？

笔者认为主要有3点技巧，即根据对象设定文案风格、根据职业使用相关的专业语言以及根据需求打造不同走向的短视频内容。掌握了这3个技巧，就能够拉近与用户之间的距离，使文案获得更好的传播效应。

例如，在一个"暑假防溺水6不准"的文案中，"6不准"就是针对有孩子的用户打造的，目的在于让孩子在暑假期间远离河流池塘。因此，很容易拉近与这些用户之间的距离，而且"不准"这两个字也可以引起用户对短视频内容的注意，如图1-8所示。

文案创作者应该根据受众的不同需求打造不同的文案，把用户的需求放在首位。因此无论是标题，还是短视频内容，都要突出受众想要看到的字眼，使用户一看到标题就会点进去查看，从而有效地提升短视频文案的点击量。

图1-8 拉近与用户之间距离的文案

3. 体现文案的价值

一个优秀的短视频文案，必定会具备一定的价值。一般而言，优秀的文案除了要提及需要宣传的内容外，还要充分体现新闻价值、学习价值、娱乐价值以及实用价值，如图1-9所示。

有价值的文案不仅能够起到宣传作用，而且能够增强短视频文案的可看性，让用户在查看短视频时感觉到愉悦。笔者将提升文案价值的技巧进行了总结，具体如图1-10所示。

提供实用知识和技巧的短视频文案往往能够得到短视频用户的青睐，虽然文案的价值不仅仅局限于实用技巧的展示，但从最为直接和实用的角度来看，短视频能够提供行之有效或解决问题的方法是广大用户都乐意接受的。这也是为什么文案需要具备价值的原因。

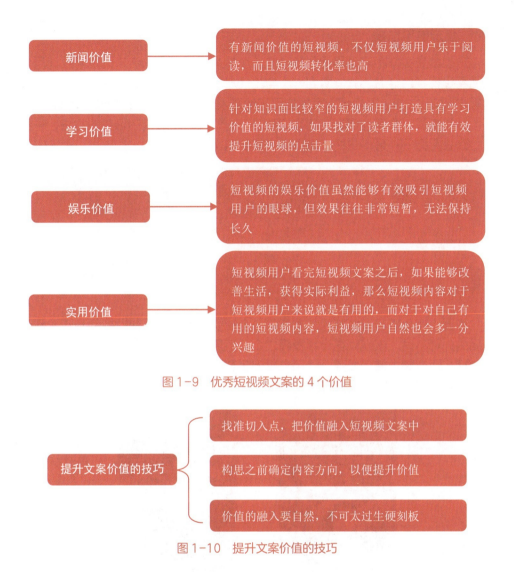

图 1-9 优秀短视频文案的 4 个价值

图 1-10 提升文案价值的技巧

▶ 004 让文案更吸睛

如何让短视频文案更加精美、内容更加吸引眼球？本节笔者将从如何描绘使用场景、如何紧跟时事热点、如何正确使用网络用语以及如何写出短小精悍的短视频文案这 4 个方面为文案创作者进行讲述。

1. 展示使用场景

短视频文案并不只是用画面堆砌成一个短视频就万事大吉，而是需要让用户在观看短视频内容时，就能看到一个与生活息息相关的场景，产生如身临其境般的感觉。如此一来，短视频文案才能更好地激发用户继续观看短视频内容的兴趣。

一般来说，文案创作者在创作文案时，有两种打造短视频场景的方法，一种是特写式，另一种是鸟瞰式，如图 1-11 所示。

图 1-11　打造短视频场景的方法

如图 1-12 所示，为某网红发布的一个短视频，与大多数短视频一味地展示产品的外观不同，该视频在介绍发膜之余，还展示了发膜的使用场景（某网红的小助理在短视频中使用发膜，让用户看到了具体的使用效果）。因此，这是一条通过展示使用场景来打动用户的短视频。

图 1-12　展示使用效果的短视频

2. 紧跟时事热点

所谓"时事热点"，是指可以引起用户重点关注的热点事件或信息等，紧跟热点的文案可以增加点击量。值得注意的是，大部分人都对热门事件感兴趣，因此热点一般都会吸引大多数人的眼球。无论是什么内容，都可以往热点上面靠一靠，这样一来，打造出爆款短视频文案的成功率会更高。

由于短视频平台具有即时性的特点，因而使时事要点的传播有了可能。特别是抖音、快手等短视频平台，同时还作为重要的社交平台而存在，这些平台拥有数量庞大的用户。因此在这些短视频平台上，文案创作者打造紧抓时事要点的短视频文案，利用短视频平台进行传播，有利于实现短视频文案内容的快速传播。

结合热点、要点的短视频文案能够产生较强的传播力。那么打造文案时如何牢牢抓住热点呢？文案又怎样与热点紧密结合呢？笔者将其技巧总结为3点，如图1-13所示。

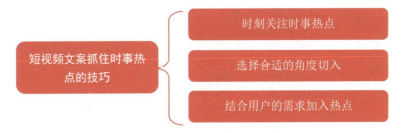

图1-13 短视频文案抓住时事热点的技巧

总而言之，在短视频平台上，各式各样的短视频账号每天都会推送内容，为了尽可能吸引人们的眼球，文案创作者都会苦思冥想、仔细斟酌，而紧跟热点就是他们常用的方法之一，这种方法最大的成效就是能快速提高短视频的点击量。

3. 使用网络用语

在打造短视频文案的时候，我们可能会比较少地注意到"文字"这一关键要素。其实，文字是组成短视频文案的基本成分之一，同时也是表达诉求和情感的重要载体，使用好文字，是打造爆款短视频文案的重中之重。

文字是打造优秀短视频文案的关键，它的主要要求包括实事求是、接地气以及紧跟时代潮流3点。

网络用语是人们日常生活中常用的语言形式之一，虽然网络用语不太规范，但因为被大众广泛使用，所以当短视频运营者在短视频文案中使用网络用语时，许多用户还是可以理解的。而且网络用语在一段时间内可能会成为热门用语，此时短视频运营者如果在短视频中使用该网络用语，就可以快速吸引用户的注意力，进一步拉近与用户之间的距离。

4. 内容短小精悍

随着互联网的快速发展，碎片化阅读方式已经逐渐成为主流，大部分短视频用户看到时长较长的短视频时都可能会产生抵触心理。即使有的用户愿意观看时长较长的短视频内容，但也很难坚持看完。

从制作成本的角度来看，时长较长的短视频拍摄周期更长，需要进行后期处理的内容通常也更多。一番辛苦之下，如果短视频文案的反响不好，那就是"赔了夫人又折兵"了。

短视频文案的制作，"小而精美"是关键所在，也就是说一个成功的短视频文案应该具备短小精悍的特点。如此一来，用户就能很快了解短视频文案的大致内容，从而获取短视频创作者想要传达的重点信息。

小而精美，并不是说短视频文案只能短不能长，而是要尽可能言简意赅、重点突出，让用户看完短视频文案之后，能够快速了解短视频所要传达的重要信息。

005 选择平台类型

在进行文案创作时，短视频运营者需要通过必要的定位，确定短视频的目标群体。具体来说，短视频文案创作主要需要做好 3 个方面的定位，如图 1-14 所示。

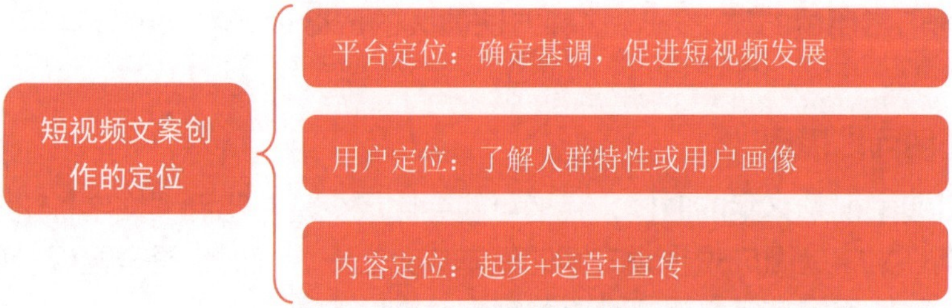

```
短视频文案创作的定位 ┬ 平台定位：确定基调，促进短视频发展
                  ├ 用户定位：了解人群特性或用户画像
                  └ 内容定位：起步+运营+宣传
```

图 1-14　短视频文案创作的定位

在短视频平台运营中，首先应该确定的是运营者所要运营的平台是一个什么类型的平台，并以此来决定平台的基调。平台的基调主要包括学术型、搞笑型、创意型、媒体型和服务型这 5 种类型。

在为平台定位时，短视频运营者应该根据自身条件的差异选择具有不同优势和特点的平台类型，如图 1-15 所示。

市场调研
创作成功文案的基石 第1章

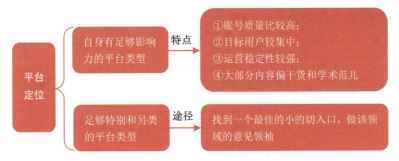

图 1-15　平台定位

值得注意的是，为平台定位非常重要，要慎重对待。因为只有准确地为平台定位，并确定其基调，才能制定用户运营和内容运营策略，最终促进平台更好地发展。

▶ 006　确定视频内容

所谓"内容定位"，是指通过短视频平台为用户提供什么样的内容。在平台运营中，关于内容的定位主要应该做好 3 个方面的工作，具体如下所述。

1. 找准发展方向

找准内容的发展方向是平台内容供应链初始时期的工作。该阶段视频运营者需要构建好内容的整体框架，如图 1-16 所示。

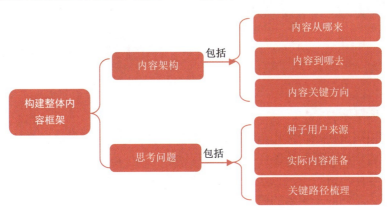

图 1-16　构建整体内容框架

2. 通晓展示和整合方式

在内容定位中，短视频运营者还应该通晓运营阶段的内容展示方式。在打造的优质内容的支撑下，怎样更好地展示平台内容，逐步建立品牌效应，是增强平台影响力的重要条件。关于平台内容的展示方式，一般可分为 4 种，如图 1-17 所示。

图 1-17 优质内容的展示方式

在内容展示过后，更重要的是短视频运营者应通晓内容的整合方式，至于具体分析，如图 1-18 所示。

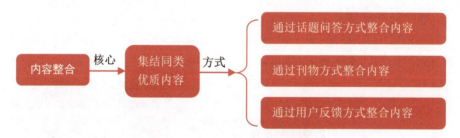

图 1-18 明确平台内容的整合方式

3. 确定互动方式

除了应确定初始阶段和运营阶段的内容定位，短视频运营者还应该确定宣传阶段的内容定位，即怎样进行平台内容互动。

企业与用户进行交流互动，更有利于新媒体平台内容的传播，用户的接受能力也更强，用户对于平台的信任度和支持度也将得到提升。在确定内容互动方式的过程中，短视频运营者需要把握几个关键点，如图 1-19 所示。

图 1-19　平台内容互动方式的关键点

007 进行用户定位

在短视频平台的运营过程中，确定明确的目标用户是其中至为重要的一环。而在进行平台的用户定位之前，短视频运营者首先应该了解平台具体针对的是哪类人群，他们具有什么特性等。关于用户的特性，一般可细分为两类，如图 1-20 所示。

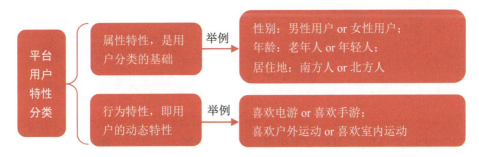

图 1-20　平台用户特性分类

在了解了用户特性的基础上，接下来要做的是进行用户定位。在用户定位全过程中，一般包括以下 3 个步骤。

（1）数据收集：可以通过市场调研等多种方法来收集和整理平台用户数据，再把这些数据与用户属性关联起来，绘制成相关图谱，以更好地了解用户的基本特征。

（2）用户标签：获取了用户的基本数据和基本属性特征后，就可以对其属性和行为进行简单分类，并进一步对用户进行标注，确定用户的购买欲和活跃度等，以便在接下来的用户画像过程中对号入座。

（3）用户画像：利用上述内容中的用户属性标注，从中抽取典型特征，完成用户的虚拟画像，构成平台用户的各类用户角色，以便对用户进行细分。

008 市场调研分析

常言道："没有调查就没有发言权。"调研的重要性不言而喻。文案创作者可以通过市场调研，找到短视频文案的突破口。市场调研是保证文案编辑方向正确和内容精准的前提，只有经过了调研，才能预测短视频运营者推送的文案是否能准确地传达到精准用户群中，并最终达到预期的目的。

市场调研作为市场预测和经营决策过程中重要的组成部分，一直有着举足轻重的地位，它是运营者进行营销策划和运作过程的基础，对企业产品和品牌的推广具有非常重要的作用。市场调研所具有的重要作用可从广义和狭义两个方面进行分析，如图 1-21 所示。

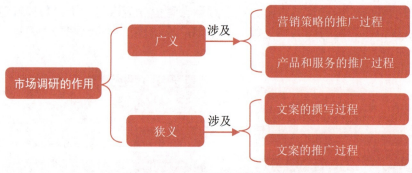

图 1-21　市场调研的作用

由图 1-21 可知，从广义上来说，市场调研所得出的结论作为参考标准应贯穿于整个营销策略制定乃至产品和服务的推广过程；从狭义上来说，市场调研在文案营销中的作用直接体现在文案的撰写和推广过程中。而就其狭义的作用而言，又主要表现在 3 个方面，具体如下所述。

1. 参考依据

这主要是基于文案策划过程而言的。市场调研作为文案营销过程的开端阶段，能够为以后的文案策划提供科学的依据和富有价值的参考信息，至于具体分析，如图 1-22 所示。

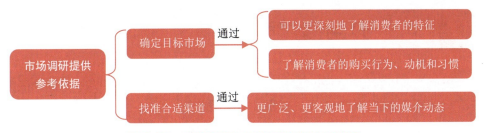

图1-22 市场调研为文案策划提供参考依据

2. 评估标准

文案评估标准主要是基于文案的效果测定而言的。文案营销效果的实现是撰写和推广文案的最终目的，也是企业、商家和平台运营者最关心的问题。

从文案效果方面来说，其效果的考察主要表现在两个阶段，即文案发布之前的效果预测阶段和发布结束后的效果检验阶段，这两个阶段的市场调研结果是评估其效果的标准，具体分析如图1-23所示。

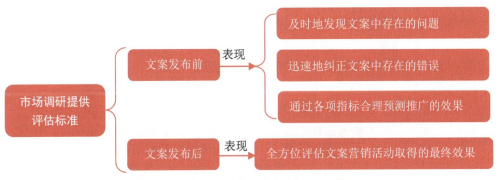

图1-23 市场调研为文案发布提供评估标准

3. 素材库

素材库主要是基于文案的创作过程而言的。文案创作是建立在大量的素材基础之上的，只有提供丰富的生活素材，文案创作者才能更快地找到灵感，才能创作出更加具有创意的文案作品。

生活素材的获得必须是深入社会和实践的结果。市场调研的广泛性、系统性和客观性决定了其所获得的数据信息是最好的生活素材来源，能够为文案创作者的创意提供重要支撑。

009 介绍调查类型

市场之所以有调研的必要，是有其客观原因的，即市场基于两个方面的原因总是处于瞬息变化的状态之下，如图1-24所示。

图1-24 市场变化的客观因素

在智能手机普遍应用的社会环境下，与企业产品或品牌有着紧密联系的短视频平台文案的内容构建和效果实现，也必须适应市场的变化，并进行积极且广泛的市场调研，只有这样才能获得最佳的营销推广效果。

所谓"市场调研"，是指为了达到营销目的而进行的对营销信息的分析、甄别工作。关于市场调研的含义，如图1-25所示。

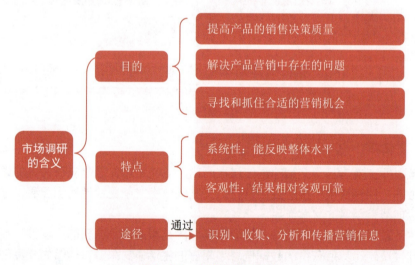

图1-25 市场调研的含义

1. 问卷调查

所谓"问卷调查"，是指调查人员采用问卷形式进行的调查方法，这是一种比较实用且常见的调查方法。通过这种方法进行调查，可以基于被调查者的问卷答案收集市场资料，其具有3个方面的优势，如图1-26所示。

图1-26　问卷调查方法的优势

尽管采用问卷调查的方法具有诸多优势，但在具体实施过程中，还应该注意几个方面的问题，具体内容如图1-27所示。

图1-27　问卷调查注意事项

其中，在问题的顺序安排上要力求合理，实质上是要求调查的问题必须由浅入深，具体体现为下述几点。

（1）从一般性问题到特殊性问题。
（2）从接触性、过渡性问题到实质性问题。
（3）从简单的问题到具有一定难度的问题。

2. 典型调查

所谓"典型调查"，是一种以典型对象为调查目标，然后在得出的结果上推算出一般结果的调查方法。这是一种在对象选择上具有鲜明特征的调查方法，也就是说它的调查对象是基于一定的标准而特意选择的，因而调查结果能够凸显其调查的作用，如图1-28所示。

典型调查方法有一个需要特别注意的问题，那就是需要重点把握调查对象的典型程度——典型程度把握得越好，调查结果也就越符合实际，误差也就越小。

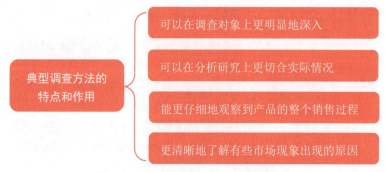

图 1-28 典型调查方法的特点和作用

显然，这种具有突出特点和作用的调查方法具有极大的优势，即成本低和调查效率高，且普遍适用于中小微型企业。

3. 抽样调查

抽样调查，就是在整个样本中抽取一部分样本进行调查，然后通过推算得出结果的调查方法。这一市场调查方法又可分为随机抽样调查和非随机抽样调查。

1）随机抽样调查

这一调查方法也称为概率抽样调查方法，是在整个样本中以随机的方法抽取一部分样本进行的调查，具体介绍如图 1-29 所示。

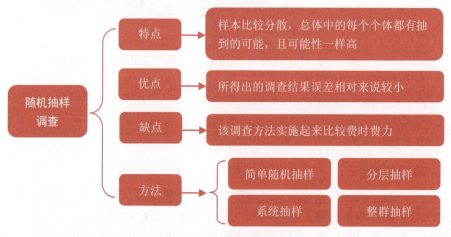

图 1-29 随机抽样调查

2）非随机抽样调查

这一调查方法是在不遵循随机原则的前提下，在总体样本中按照调查人员的主观感受或其他条件抽取部分样本进行的调查，具体介绍如图 1-30 所示。

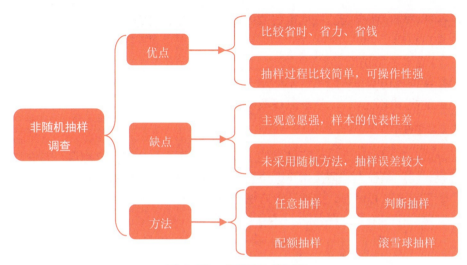

图 1-30 非随机抽样调查

4. 全面调查

"全面调查"与其他方法的不同之处在于"全面"二字，要求进行全面性的普查式调查，其调查结果最突出的特点是全面而精准。全面调查的对象是产品的所有目标消费者，它主要可分为两种类型，如图 1-31 所示。

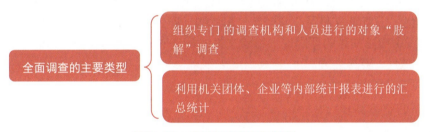

图 1-31 全面调查的主要类型

5. 访问调查

访问调查就是通过对被调查者进行直接询问来收集资料的方法，具体调查方法的类型及具体特点如下所述。

1）入户上门访问

入户上门访问在资料收集的真实性和全面性方面较有保证，且这种收集还伴有详细的记录可供查询。

2）电话远程访问

就进行过程的简便性而言，电话远程访问有着明显的优势，但这种访问调查方法由于持续的时间短,无法进行深入询问和调查,只能在常规性问题上对调查结果有所帮助。

3)街头拦截访问

街头拦截访问,一般来说不适用于文案营销,且这种方法在实际操作过程中被拒绝的概率比较大,比较难以获取资料。

6. 文献调查

随着互联网和移动互联网技术的发展,在文案营销中使用文献调查方法越来越简便,特别是在大数据技术飞速发展的环境下,企业可以很容易地获取大量企业、消费者资料和信息,这种调查方法的应用也就变得更加实用。

文献资料的来源主要包括下述两个。

(1)企业内部资料:即企业自身所具有的消费者资料、以往营销记录等。

(2)其他外部资料:即咨询公司、市场调查资料公司、网络等提供的资料和出版物上的资料,以及社会团体和组织提供的各种资料等。

值得文案写作者注意的是,并不是所有文献资料都能直接拿来使用,很多文献资料需要文案写作者甄别,从而去伪存真,具备成为可信资料的条件。文案写作者甄别文献资料的方法有下述两种。

(1)检验文献的真实性:一般来说可以从作者和文献年代入手。例如,作者所生活的年代距离文献内容提及的年代久远,那么该文献内容就存在以讹传讹的可能性;又如该文献是在浮夸年代写就的,那么该文献虚假的可能性就极大。

(2)检验文献的可用性:检验文件的调查对象是否具备样本特点,考察文献的时效性、完整性等。

第 2 章

视频文案
快速吸引用户注意力

一条成功的短视频除了内容要精彩外,视频文案和短视频标题也要精彩。

好的视频文案,能够快速吸引用户的注意力,并为发布视频的账号增加大量粉丝;一个短视频标题的好坏,对短视频数据有很大的影响。

010 玩转文字技巧

文案写手是专业的文字工作者，需要有一定的文字水准，而要想更高效率、更高质量地完成文案撰写任务，除了掌握相关写作技巧之外，还需要玩转文字，让自己的语言表达更符合短视频用户的口味。

1. 语义通俗易懂

文字要通俗易懂，雅俗共赏。这既是文案文字的基本要求，也是在文案创作的逻辑处理过程中，写手必须要了解的思维技巧之一。

从本质上而言，通俗易懂并不是要将文案中的内容省略掉，而是通过文字组合展示要表达的内容，让用户在看到文案之后便心领神会。如果文案写手撰写的文案用户看不懂，或者需要花一定时间思考的文案，则会让短视频运营者损失一部分流量。

如图 2-1 所示，该短视频文案就非常通俗易懂，让用户一看就知道要讲南方人和北方人在喝可乐时的差异。总而言之，通俗易懂的文案不需要用户琢磨文案的弦外之音，节省了时间成本。

图 2-1 通俗易懂的文案文字

从通俗易懂的角度出发，我们追求的主要是文字所带来的实际效果，而非文学上的知名度。如何让文字获得更好的实际效果呢？短视频运营者不妨从以下两个方面进行考虑。

（1）是否适合视频所要表达的内容。

（2）是否适合视频的目标受众。

2. 删除多余内容

成功的文案往往内容精练，言简意赅，失败的文案则多像懒婆娘的裹脚布——又臭又长。在可以避免的问题中，文字的多余累赘是失败的主因，其导致的结果主要包括内容毫无意义、文字说服力弱和问题模棱两可等。

解决多余文字最为直接的方法就是将其删除，这也是突出关键字句最为直接的方法。如图 2-2 所示，虽然这两个视频讲的内容大不相同，但是它们有一个共同点，就是短视频文案的文字非常精简，没有多余的内容。

图 2-2　删除多余内容的文案

删除多余的内容对于各种短视频文案来说其实是一种非常聪明的做法。一方面，多余的内容删除之后，重点内容更加突出，用户能够快速把握运营者要传达的信息；另一方面，多余的内容删除之后，内容将变得更加简练，同样的内容能够用更短的时间进行传达，用户不容易产生反感情绪。

3. 少用专业术语

专业术语是指在特定领域和行业中，对一些特定事物的统一称谓。在现实生活中，专业术语十分常见，如在家电维修业中对集成电路称作 IC，添加编辑文件称加编等。

专业术语的实用性往往不一，但是从文案写作的技巧出发，往往需要将专业术语用更简洁的方式表达。专业术语的通用性比较强，但是在文案撰写中往往不太需要。相关的数据研究也显示专业术语并不适合大众阅读，尤其是在快节奏化的生活中，节省阅读者的时间和精力，提供良好的阅读体验才是至关重要的。

如图 2-3 所示，为某视频文案的部分内容，可以看到在这则文案中有一些行外人看不太懂的词汇，如"非线性动画"。这样就会让一些不太懂行的用户看后一头雾水，而且视频对"非线性动画"一词并没有进行解释和说明，只是单纯介绍了苹果手机动画，导致用户看完视频后还是不懂。当然，减少术语的使用量并不是不使用专业术语，而是控制使用量，并且适当对专业术语进行解读，把专业内容变得通俗化。

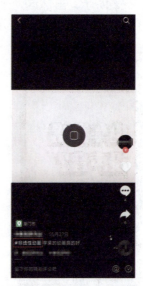

图 2-3　使用专业术语的文案

▶ 4. 重点突出内容

文案主题是整个文案的生命线，作为一名文案人员，其主要职责就是设计和突出主题，而且整个文案的成功与否主要取决于文案主题的效果。所以，文案人员在写文案时，应以内容为中心，用简短的文字，写出突出重点内容的文案，并确保文案与视频内容相互呼应，这样用户也就愿意花时间看完整个视频了。

除了醒目的中心内容之外，文案中的重点信息也必须在一开始就传递给受众，但是因为写手水平的不同，文案产生的效果也会有所差异。优秀的文案应该是简洁，突出重点，适合内容、媒介和目标群体的，在形式上不花哨，在语言上不啰唆。

▶ 5. 适当控制长度

控制字数主要是指将整体内容的字数稳定在一个可以接受的范围内。除此之外，就是创造一定的韵律感，这种方式在广告类的文案中比较常见。

控制段落字数同样有突出文字内容的作用，这在长篇的文案中应用较多，主要是起到强调的作用，让整篇文案长短有致，这同样考验了文案写手的能力。

用一句话作为单独的文案，突出展现内容是文案写作的常用技巧。一句话的模式能够突出内容，也能够使呆板的文案形式变得更加生动。如果突然出现一句话成为单个段落，读者的注意力就会被吸引，如图2-4所示。

图2-4　一句话文案展示

011 文案写作思路

文案是宣传中较为重要的一个环节，从其作用来看，优秀的文案具备强烈的感染力，能够给视频带来巨大的流量。在信息繁杂的网络时代，并不是所有的文案都能够获得成功，尤其是对于缺乏技巧的文案而言，获得成功并不是轻而易举的事情。

从文案写作的角度出发，文案内容的感染力来源主要分为5个方面，这一节笔者将对文案写作的相关问题进行解读。

1. 规范宣传

随着互联网技术的快速发展，每天更新的信息量都是十分惊人的。"信息爆炸"的说法主要就是来源于信息的增长速度，庞大的原始信息量和更新的网络信息量通过新闻、娱乐和广告信息为传播媒介作用于每一个人。

对于文案创作者而言，要想让文案被大众认可，能够在庞大的信息流中脱颖而出，那么首先需要做到的就是准确性和规范性。这两点做不到，对短视频账号的运营会产生不良影响，甚至是平台对账号进行限流。

在实际的应用中，内容的准确性和规范性是对于任何文案写作的基本要求，短视频运营者在写文案之前要留心文案规范格式，文案撰写完成后记得检查文案内容有无疏漏，至于具体的内容分析，如图2-5所示。

```
                        ┌─ 文案中的表达应该是较规范和完整的，主要是
                        │  避免语法错误或表达残缺
                        │
                        ├─ 避免使用产生歧义或误解的词语，应保证文案
     准确规范的文案      │  中所使用的文字准确无误
       写作要求  ────────┤
                        ├─ 不能创造虚假的词汇，文字表达要符合大众语
                        │  言习惯，切忌生搬硬套
                        │
                        └─ 以通俗化、大众化的词语为主，但是内容却不
                           能低俗和负面
```

图2-5　准确规范的文案写作要求

如图2-6所示，该文案在笔者看来就是不符合规范的。这主要就在于视频中表达的观点过于绝对化，像是强制灌输观点给用户。可以想象，当用户看到这则有些哗众取宠的文案时，多少会产生反感心理。

之所以要准确、规范地进行文案的写作，主要就是因为准确和规范的文案信息更能够被受众理解，从而促进新媒体文案的有效传播。

2. 打造热点

热点之所以能成为热点，就是因为有很多人关注，把它给炒热了。而一旦某个内容成为热点之后，许多人便会对其多一分兴趣。所以，在文案写作的过程中如果能够围绕热点打造内容，便能达到更好地吸引短视频用户的目的。

例如，近段时间电视剧《三十而已》的热度很高，很多观众都非常喜欢这部剧，有网友利用这一热点制作了短视频并发布在抖音上，成功地引起了追剧用户的注意，如图2-7所示。

图 2-6 不符合规范的文案

图 2-7 围绕热播剧打造的文案

3. 立足定位

精准定位同样属于文案的基本要求之一，每一个成功的广告文案都具备这一特点，即了解自己的目标受众，根据自己目标受众人群的属性，打造精准的文案，以利于受众接受，获得想要的效果。

这类文案文字虽然简单，但是精准，这对于短视频来说是非常加分的。视频文案很明确地指出了目标受众是什么人群，这样能够快速吸引大量对这类内容感兴趣的用户的目光，获得他们的喜爱。

当然，短视频运营者首先需要知道自己的目标受众是什么人，清楚用户的具体画像，如用户喜欢什么类型的文案，喜欢何种形式的短视频。一般来说，运营者在拍摄视频初期就应确定自己所拍摄视频的目标受众，然后写手应根据目标受众的特征属性和视频内容来撰写文案。那写手如何精准地为内容定位呢？可以从4个方面入手，如图2-8所示。

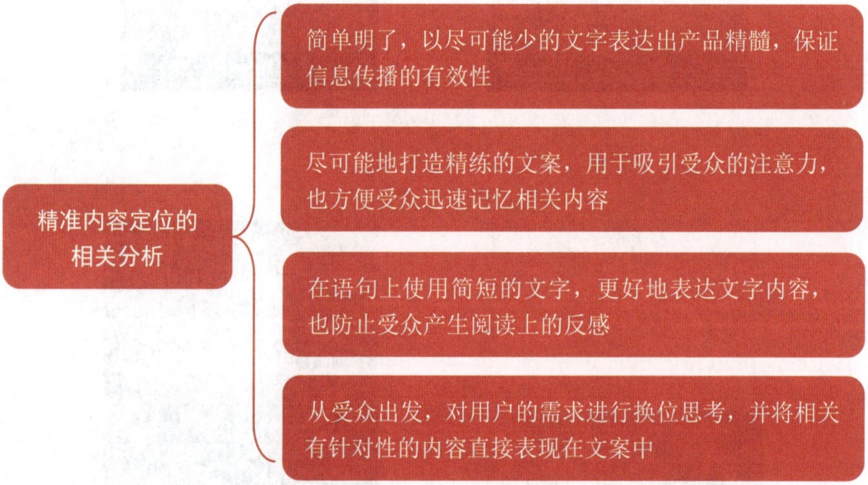

```
                    ┌─ 简单明了，以尽可能少的文字表达出产品精髓，保证
                    │   信息传播的有效性
                    │
                    ├─ 尽可能地打造精练的文案，用于吸引受众的注意力，
  精准内容定位的      │   也方便受众迅速记忆相关内容
     相关分析       ─┤
                    ├─ 在语句上使用简短的文字，更好地表达文字内容，
                    │   也防止受众产生阅读上的反感
                    │
                    └─ 从受众出发，对用户的需求进行换位思考，并将相关
                        有针对性的内容直接表现在文案中
```

图2-8 精准内容定位的相关分析

4. 个性化表达

形象生动的文案表达，非常能营造出画面感，从而加深受众的第一印象，让受众看一眼就能记住文案内容。

对于文案写手而言，每一个优秀的文案在最初都只是一张白纸，需要创作者不断地添加内容，才能够最终成型。要想更有效地完成任务，就需要对相关的工作内容有一个完整认识。

而一则生动形象的文案则可以通过清晰的别样表达，在吸引受众关注，快速让受众接收文案内容的同时，激发受众对文案中的内容产生兴趣，从而促使受众观看、点赞、评论和转发。

5. 具有创意

创意对于任何行业的新媒体文案都十分重要，尤其是在网络信息极其发达的社会中，自主创新的内容往往能够让人眼前一亮，进而获得更多的关注。

如图 2-9 所示，为华为 P40 在抖音上发布的广告视频的部分截图，介绍华为的摄像头。视频中有一个摄像头变焦的过程，配上"旗舰新品，遮不住的'慧眼'灵动"的文案，可谓创意十足，而且将摄像头比作"慧眼"，能够加深用户的记忆。

创意是为文案主题服务的，所以文案中的创意必须与主题直接相关。创意不能生搬硬套，牵强附会。在常见的优秀案例中，文字和图片的双重创意往往比单一的创意更能够打动人心。

图 2-9　华为 P40 创意十足的新媒体文案

对于正在创作中的文案而言，要想突出文案特点，那么在保持创新的前提下需要通过多种方式更好地打造文案本身。文案表达主要有 8 个方面的要求，具体为词语优美、方便传播、易于识别、内容流畅、契合主题、易于记忆、突出重点。

▶ 012　文案营销禁区

短视频运营者在文案的编写过程中有需要注意的 6 大禁忌事项，即中心不明确、全而不精、高量低质、错误频出、脱离市场和半途而废。

与硬广告相比，文案不仅可以提高品牌的知名度、美誉度，同时发在门户站点的文案更能增加网站外链，提升网站权重。然而，想要撰写出一个好的文案并非易事，它对写作者的专业知识和文笔功夫有着很高的要求。不少运营人员和文案编辑人员在创作文案时，往往由于没有把握住文案编写的重点事项而以失败告终。常见的问题有以下几个。

1. 中心不明

有的文案人员在创作文案时，喜欢兜圈子，可以用一句话表达的意思非要反复强调，这样不但会降低内容的可看性，还可能会令读者嗤之以鼻。尽管文案是广告的一种，但是它追求的是"润物细无声"，在无形中将所推广的信息传达给目标客户，过度地说空话、绕圈子，会有吹嘘之嫌。

此外，文案的目的是推广，因而每篇文案都应当有明确的主题和内容焦点，并围绕该主题和焦点进行文字创作。然而，有的写手在创作文案时偏离主题和中心，乱侃一通，导致受众一头雾水，营销力也大打折扣。诚然，广告文案的主要目的是营销，而如果在一个文案中既看不到品牌，也看不到任何营销推广的意图，那么这就是一则主题不明确的失败文案。

2. 全而不精

文案写作无须很有特点，只需要有一个亮点即可。这样，文案才不会显得杂乱无章，而且更能扣住用户的心弦。

如今，很多文案在传达某一信息时，看上去就像记流水账一般，毫无亮点，其实这样的文案根本就没有太大的价值。此外，文案内容过多，也往往会导致可看性大大降低，让受众不知所云。

不管是怎样的文案，都需要选取一个细小的点来展开脉络，总归一个亮点，才能将文字有主题地聚合起来，形成一个价值性强的文案。

3. 高量低质

文案相对其他营销方式成本较低，成功的文案也有一定的持久性，一般文案成功发布后就会始终存在，除非网站倒闭。

事实上，文案营销并不是靠数量就能取胜的，更重要的还是质量，一个高质量的文案胜过十几个质量一般的文案。然而事实却是，许多短视频运营者为了保证推送的频率，宁可撰写较多质量相对较差的文案。

比如，某些短视频账号几乎每天都会发布短视频，但是基本都不是原创内容。这种不够用心的文案推送策略，导致的后果往往就是内容发布出来之后，却没有多少人愿意看。

除此之外，还有部分短视频运营者仅仅将广告内容的推送作为任务，不注重这个广告是否可以吸引到目标用户。甚至有的运营者会将完全相同的文案内容，进行多次发布。像这一类的文案，质量往往没有保障，并且点击量等数据也会比较低。

针对"求量不求质"的运营操作误区，短视频运营者应该怎样避免？具体应注意下述两点。

（1）加强自身学习。了解文案营销的流程，掌握文案撰写的基本技巧。

（2）聘请专业团队。专业的文案营销团队不像广告公司和公关公司那样业务范围比较广，他们专注于文案撰写，文案质量很高。

4. 错误频出

众所周知，报刊在出版之前，都要经过严格审核，以保证文章的正确性和逻辑性，尤其涉及重大事件或是国家领导人，一旦出错就需要追回重印，损失巨大。文案常见的书写错误包括文字、数字、标点符号以及逻辑等方面的错误，文案撰写者必须严格校对，防止出现风险。

（1）文字错误。文案中常见的文字错误为错别字，例如一些名称错误，包括企业名称、人名、商品名称和商标名称等。对于文案，尤其是营销文案来说，错别字会严重影响文案的质量。

（2）数字错误。参考国家《关于出版物上数字用法的试行规定》《国家标准出版物上数字用法的规定》及国家汉语使用数字有关要求，数字使用有三种情况：一是必须使用汉字，二是必须使用阿拉伯数字，三是汉字和阿拉伯数字都可用，但要遵循"保持局部体例上的一致"这一原则，在报刊等文章校对检查中错得最多的就是第三种情况。

例如"1年半"，应为"一年半"，"半"也是数词，"一"不能改为"1"；再如，农历纪年误用阿拉伯数字："8月15中秋节"应改为"八月十五中秋节"，"大年30"应为"大年三十"，"丁丑年6月1日"应改为"丁丑年六月一日"。还有年代的错误用法，如"1880年代""1990年代"应写为"19世纪80年代""20世纪90年代"。

此外，较为常见的还有数字丢失，如"中国人民银行2018年第一季度社会融资规模增量累计为5.58亿元"。我们知道，一个大型企业每年的信贷量都在几十亿元以上，何况整个国家的货币供应量才"5.58"亿元？根据推测应该是丢失了"万"字，应为"5.58万亿元"。

（3）标点错误。无论是哪种文章中，标点符号错误都应该尽力避免，在文案创作中，常见的标点错误包括以下几种类型。

一是引号用法错误。这是标点符号使用中错得最多的。不少报刊对单位、机关、组织名称、产品名称、牌号名称都用了引号。其实，只要不发生歧义，名称一般都不用引号。

二是书名号用法错误。证件名称、会议名称（包括展览会）不用书名号。但有的报刊把所有的证件名称，不论名称长短，都用了书名号，这是不符合规范的。

三是分号和问号用法常见错误。这也是标点符号使用中错得比较多的。主要是简单句之间用了分号——不是并列分句，不是"非并列关系的多重复句第一层的前后两部分"，不是分行列举的各项之间，都使用了分号，这是错误的。

（4）逻辑错误。所谓逻辑错误是指文案的主题不明确，全文逻辑关系不清晰，存在语意与观点相互矛盾的问题。

5. 脱离市场

文案，尤其是营销文案，大多反映的是关于企业产品和品牌的内容，这些产品和品牌是处于具体市场环境中的产品，其所针对的目标客户也是处于市场环境中具有个性的消费者。因此，文案写作者不了解具体的产品、市场和消费者是行不通的，写出来的文案多半是失败的。

因此，在编写和发布文案时，必须进行市场调研，了解产品特性，才能写出切合实际和获得消费者认同的文案。在文案编写过程中，文案创作者应该充分了解产品特性，如图2-10所示。

图2-10　充分了解产品特性

从消费者方面来说，文案写作者应该迎合消费者的需求，关注消费者的感受。营销定位大师杰克·特劳特（Jack Trout）曾说过："消费者的心是营销的终极战场。"那么文案也要研究消费者的心智需求，也要从这里出发，具体内容如下所述。

1）安全感

人往往都会趋利避害，内心的安全感是最基本的心理需求，把产品的功用和安全感结合起来，是说服客户的有效方式。

比如，新型电饭煲的平台销售文案解说，这种电饭煲在电压不正常的情况下能够自动断电，能有效防范用电安全问题。这一要点的提出，对于关心电器安全的家庭主妇一定是个攻心点。

2）价值感

得到别人的认可是一种自我价值实现的满足感。将产品与实现个人的价值感结合起来可以打动客户。脑白金打动消费者的恰恰是满足了他们孝敬父母的价值感。

例如，销售豆浆机的文案可以这样描述："当孩子们吃早餐的时候，他们多么渴望不再去街头买豆浆，而喝上新榨出来的纯正豆浆啊！当妈妈将热气腾腾的豆浆端上来的时候，看着手舞足蹈的孩子，哪个妈妈会不开心呢？"一种做妈妈的价值感便会油然而生，能激发父母的购买欲望。

3）支配感

"我的地盘我做主"，每个人都希望表现出自己的支配权利。支配感不仅是对自己生活的一种掌控，也是源于对生活的自信，更是文案要考虑的出发点。

4）归属感

归属感实际就是标签，你是哪类人，无论是成功人士、时尚青年，还是小资派、非主流，每个标签下的人都有一定特色的生活方式，他们使用的商品都表现出一定的亚文化特征。

比如，对追求时尚的青年，销售汽车的文案可以写："这款车时尚动感，改装也方便，是玩车一族的首选。"对于成功人士或追求成功的人士可以写："这款车稳重大方，开出去见客户，会很有面子。"

6. 半途而废

文案营销需要有一个整体策划，需要根据企业的行业背景和产品特点策划文案营销方案，根据企业的市场背景制定媒体发布方案，文案创意人员策划文案等，而不仅仅是文案的发布这一种行为。关于文案的策划流程，如图2-11所示。

图2-11　文案的策划流程

文案营销是一个长期过程，别想着只发一个文案就能带来流量和效益，也不是"三天打鱼，两天晒网"，不是今天发十个，下个月想起来了再发几个，毫无规律。

从实质上来说，文案营销并不能直接促成交易成交，但长期有规律的文案发布可以提升企业品牌形象，提高潜在客户的成交率。所以，要想让文案营销对受众产生深刻的影响，还得长期坚持文案推送。

潜在用户一般通过广告认识企业，但最终让他们决定购买的往往是长期的文案催化，当用户长期见到这个品牌文案，就会不知不觉地记住它，潜意识里会形成好印象，最后当用户需要相关产品时就会购买了。

因此，在短视频运营中，文案的编写和发布是需要长期坚持的。"坚持就是胜利"并不只是说说而已，它要求运营者去具体实施。对于运营者而言，坚持有两个方面值得注意，一是方向的正确性，二是心态与行动的持续性。

1）方向的正确性

只有在坚持过程中保证方向的正确性，才不会得到南辕北辙的结果，才能尽快实现营销目标。在文案营销中，方向的正确性具体可体现在对市场大势的判断和营销技巧的正确选择上。

2）心态与行动的持续性

在文案营销过程中，只有保持不懈怠的心态、在行动上继续走下去，才能更好地获得成功。短视频运营者要想获得预期的文案营销效果，长久、坚持不懈地经营可以说是不可或缺的。

013 标题撰写要素

标题作为短视频的重要组成部分，是短视频运营者需要重点关注的内容。标题创作必须掌握一定的技巧和写作标准，只有对标题撰写必备的要素进行熟练掌握，才能更好更快地撰写标题。接下来，我们就一起来看一下标题制作的要素。

1. 用吸睛词汇

标题是短视频的"眼睛"，在短视频中作用十分巨大。标题展示着短视频的主旨，甚至是对故事背景的诠释。因此，短视频点击率的高低，与标题有着不可分割的联系。

短视频标题要想吸引受众，就必须具有其点睛之处。给短视频标题"点睛"是有技巧的。在撰写标题的时候，短视频运营者可以加入一些能够吸引受众眼球的词汇，比如"惊现""福利""秘诀""震惊"等。这些"点睛"词汇，能够让短视频用户产生好奇心。

2. 要突出重点

一个标题的好坏直接决定着短视频完播率的高低，所以运营者在撰写标题时，一定要突出重点、简洁明了，标题字数不要太长，最好能够朗朗上口，这样才能让受众在短时间内清楚地知道你想要表达的是什么，用户自然也就愿意看完短视频内容了。

在撰写标题的时候，需要注意的一点是，标题用语应该简短一点，突出重点，切忌撰写的标题成分过于复杂。标题越是简单明了，用户在看到这样的标题时，越会获得舒适的视觉感受，观看起来也更为方便。

3. 忌做标题党

标题是短视频的"窗户"，用户要是能从这一扇窗户之中看到短视频内容的一个大致提炼，就说明这一标题是合格的。换句话说，就是标题要体现出短视频内容的核心主题。

虽然标题就是要起到吸引受众的作用，但是如果受众被某一标题吸引，进入视频内容之后却发现标题和内容主题联系不紧密，或完全没有联系，就会降低用户的信任度，甚至会让用户产生被欺骗的感觉，从而拉低短视频的点赞和转发量。

014 福利类型标题

福利型的标题是指在标题上向受众传递一种"观看这个短视频你就赚到了"的感觉，一般来说，福利型标题准确地把握了短视频用户贪图利益的心理需求，让用户一看到与"福利"相关的字眼，就忍不住想要了解短视频内容。

福利型标题的表达方法有两种，一种是直接型，另一种则是间接型，两者虽然形式不同，但是效果都相差无几，如图 2-12 所示。

图 2-12　福利型标题的表达方法

值得注意的是，短视频运营者在撰写福利型标题的时候，无论是直接型还是间接型，都应该掌握3点技巧，如图2-13所示。

```
                    ┌─ 点明提供的优惠、折扣以及活动
福利型标题的撰写技巧 ─┼─ 了解受众最想得到的福利是什么
                    └─ 提供的福利信息一定要真实可信
```

图2-13 福利型标题的撰写技巧

福利型标题有直接福利型和间接福利型两种不同的表达方式，这两种类型的标题虽然稍有区别，但本质上都是通过"福利"来吸引受众的眼球，从而提升短视频的点击率。

福利型的标题通常会给受众带来一种惊喜之感，试想，如果短视频标题中或明或暗地指出含有福利，你难道不会心动吗？当然，福利型标题在撰写的时候也需要注意一些问题，首先不要因为侧重福利而偏离了视频主题，还有就是最好不要使用太长的标题，以免影响短视频的传播效果。

▶ 015 励志类型标题

励志型标题最为显著的特点就是"现身说法"，一般是通过第一人称的方式讲故事。故事的内容虽然包罗万象，但总体来说离不开成功的方法、教训或经验等，这一类标题充满正能量，短视频用户都喜闻乐见。

如今很多人都想致富，却苦于没有致富的途径，如果这个时候给他们看励志型短视频，让他们知道企业家是怎样打破枷锁，走上人生巅峰的。他们就很有可能对这类内容感到好奇，因此这样的标题具有独特的吸引力。励志型标题模板主要有两种，如图2-14所示。

励志型标题的好处在于激励性强，容易给人一种鼓舞人心的感觉，激发用户的斗志，从而提升短视频的完播率。

那么，打造励志型的标题是不是单单依靠模板就好了？答案是否定的，模板固然可以借鉴，但在实际的操作中，还是要根据内容的不同而研究特定的励志型标题。总体来说有3种经验技巧可供借鉴，如图2-15所示。

励志型标题一方面是利用短视频用户想要获得成功的心理，另一方面则是巧妙掌握了引起情感共鸣的精髓，通过带有励志色彩的字眼来引起受众的情感共鸣，从而成功吸引受众的眼球。

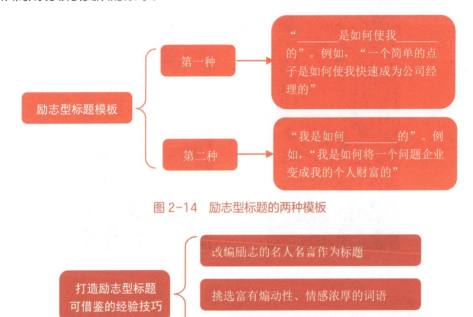

图 2-14 励志型标题的两种模板

图 2-15 打造励志型标题可借鉴的经验技巧

016 冲击类型标题

所谓"冲击力"，即在视觉和心灵上产生震撼人心的力量，也是引起用户关注视频内容的原因，在撰写短视频标题时它有着独有的价值和魅力。

在具有冲击力的标题撰写中，要善于利用"第一次"和"比……还重要"等类似的较具有极端性特点的词汇。因为用户往往比较关注那些具有特点的事物，而"第一次"和"比……还重要"等词汇是最能充分体现其突出性的，也最能带给用户强大的视觉刺激感。

如图 2-16 所示，为具有冲击感的短视频标题案例。这两个短视频的标题就是利用"第一次"和"比……还重要"这种较极端性的语言，给用户带来视觉乃至心理上的冲击。

图 2-16 带有冲击感的文案标题案例

017 悬念类型标题

好奇是人的天性，悬念型标题就是利用人的好奇心理来打造的，它首先抓住受众的眼球，然后提升受众的观看兴趣。

标题中的悬念是一个诱饵，可以引导用户观看短视频的内容。因为大部分人看到标题里的疑问和悬念，就忍不住进一步弄清楚真相，这就是悬念型标题的套路。

悬念型标题在日常生活中运用得非常广泛，也非常受欢迎。人们在看电视或综艺节目时，也会经常看到一些节目预告，这些预告就是采用悬念型标题引起观众的注意的。总体来说，利用悬念撰写标题的方法通常有 4 种，如图 2-17 所示。

悬念型标题的主要目的是为了增加短视频的可看性，因此短视频运营者需要注意的是，使用这种类型的标题，一定要确保短视频内容确实是能够让用户感到惊奇。不然就会引起他们的失望与不满，继而他们会对你的账号产生怀疑，影响账号在用户心目中的形象。

文案的悬疑标题如果是为了悬疑而悬疑，这样只能够博取大众大概 1～3 次眼球，很难获得长时间的效果。如果内容太无趣、无法达到文案引流的目的，那就是一篇失败的文案，会导致文案营销的活动也随之泡汤。

因此，写手在设置悬疑型标题的时候，需要非常慎重，最好是具有较强的逻辑性，切忌为了标题而忽略了文案营销的目的和文案本身的质量。

```
                    ┌─ 利用反常的现象来撰写悬念型标题
利用悬念撰写标       ├─ 利用变化的现象来撰写悬念型标题
题的常见方法         ├─ 利用用户的欲望来撰写悬念型标题
                    └─ 利用不可思议的现象来撰写悬念型标题
```

图 2-17　利用悬念撰写标题的常见方法

018　借势类型标题

借势是一种常用的标题制作手法，借势不仅完全是免费的，而且效果还很可观。借势型标题是指在标题上借助社会上的事实热点和新闻的相关词汇来给短视频造势，增加点击量。

借势一般都是借助最新的热门事件吸引受众的眼球。一般来说，事实热点拥有一大批关注者，而且传播的范围也会非常广，短视频标题借助这些热点就可以让用户轻易地搜索到该短视频，从而吸引用户观看该短视频的具体内容。

那么，在创作借势型标题的时候，应该掌握哪些技巧呢？笔者认为，我们可以从 3 个方面来努力，如图 2-18 所示。

图 2-18　打造借势型标题的技巧

值得注意的是，在打造借势型标题的时候，要注意两个问题：一是带有负面影响的热点不要蹭，大方向要积极向上，对受众进行正确的思想引导；二是最好在借势型标题上加入自己的想法和创意，做到借势和创意的完美同步。

019 警告类型标题

警告型标题常常通过发人深省的内容和严肃深沉的语调给受众以强烈的心理暗示,给短视频用户留下深刻印象。警告型的新闻标题常常被很多短视频运营者所追捧和使用。

警告型标题是一种有力量且严肃的标题,也就是通过标题给人以警醒作用,从而引起短视频用户的高度注意,它通常会将以下3种内容移植到短视频标题中,如图2-19所示。

图2-19 警告型标题包含的内容

很多人只知道警告型标题能够产生比较显著的影响,容易夺人眼球,但具体如何撰写却一头雾水。笔者在这里想分享3点技巧,如图2-20所示。

图2-20 打造警告型标题的技巧

在运用警告型标题时,需要注意标题运用是否得当,因为并不是每一个短视频都可以使用这种类型的标题。这种标题形式运用得当能加分,运用不当的话,很容易让用户产生反感心理,或带来一些不必要的麻烦。因此,短视频运营者在使用警告型标题时要谨慎小心,注意用词是否恰当,绝对不能草率行文,不顾内容胡乱取标题。

警告型标题的应用场景有很多,无论是技巧类的短视频内容,还是供大众消遣的娱乐八卦新闻,都可以使用这一类型的标题。

020 急迫类型标题

使用急迫型标题时,往往会让用户产生一种如果不看就会错过什么的感觉,从而立马观看短视频。这类标题具体应该如何打造?笔者将其相关技巧总结为 3 点,如图 2-21 所示。

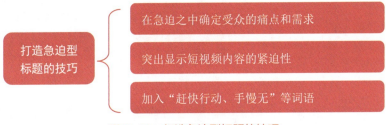

图 2-21　打造急迫型标题的技巧

急迫型标题是促使受众行动起来的最佳手段,同时也是切合受众利益的一种标题形式。

021 观点类型标题

观点型标题,是以表达观点为核心的一种标题撰写形式,它一般会在标题上精准地提到某个人,并且把他的人名镶嵌在标题之中。值得注意的一点是,这种类型的标题还会在人名后标明这个人的观点或看法。

观点型标题比较常见,且可使用范围较广。一般来说,这类观点型标题写起来比较简单,基本上都是"人物 + 观点"的形式。这里笔者总结了观点型标题常用的 5 种公式,供大家参考,如图 2-22 所示。

当然,公式是一种比较刻板的形式,在实际的标题撰写过程中,不可能完全按照公式来做,只能说它可以为我们提供基本的方法,或者说它只是一个模板,短视频运营者可以灵活运用它。那么,在具体的观点型标题撰写时,短视频运营者可以借鉴哪些经验技巧呢?如图 2-23 所示。

观点型标题的好处在于一目了然,"人物 + 观点"的形式往往能在第一时间引起受众的注意,特别是当人物的名气比较大时,从而更好地提升短视频的点击率,如图 2-24 所示。

图 2-22 观点型标题的常用公式

观点型标题的撰写技巧
- 观点的提炼要突出重点，击中要害
- 标题可适度延长，确保观点表达完整
- 观点的内容要与短视频的内容保持一致

图 2-23 观点型标题的撰写技巧

图 2-24 观点型标题

022 独家类型标题

独家型标题，也就是从标题上体现短视频运营者所提供的信息是独有的珍贵资源，值得用户观看和转发。从用户心理方面而言，独家型标题所代表的内容一般会给人一种自己率先获知，别人所没有的感觉，因而更容易在心理上获得满足。

在这种情况下，好为人师和想要炫耀的心理就会驱使受众自然而然地去转发短视频，成为短视频潜在的传播源和发散者。

独家型标题会给受众带来独一无二的荣誉感，同时还会使短视频内容更加具有吸引力，那么短视频运营者在撰写这样的标题时应该怎么做？是直接点明"独家资源，走过路过不要错过"，还是运用其他方法来暗示用户这则短视频的内容是与众不同的呢？

在这里，笔者提供3点技巧，帮助大家成功打造出夺人眼球的独家型标题，如图2-25所示。

图 2-25　打造独家型标题的技巧

使用独家型标题的好处在于可以吸引到更多的受众，让用户觉得短视频内容比较珍贵，从而主动宣传和推广短视频，让短视频得到广泛传播。

独家性的标题往往也暗示着短视频内容的珍贵性，因此撰写者需要注意，如果标题采用的是带有独家性质的方式，就必须保证短视频的内容也是独一无二的。独家性的标题要与独家性的内容相结合，否则会给用户留下不好的印象，从而影响后续短视频的点击量。

023 数字类型标题

数字型标题是指在标题中呈现出具体的数字，通过数字的形式来概括相关的主题内容。数字不同于一般的文字，它会给用户留下比较深刻的印象，与他们的心灵产生奇妙的碰撞，有效地激发他们的好奇心理。

在标题中采用数字型标题有不少好处，具体体现在3个方面，如图2-26所示。

图 2-26 数字型标题的好处

值得短视频运营者注意的是，数字型标题很容易打造，因为它是一种概括性的标题，只要做到以下 3 点就可以撰写出来，如图 2-27 所示。

图 2-27 撰写数字型标题的技巧

此外，数字型标题还包括很多不同的类型，比如时间、年龄等，具体来说可以分为 3 种，如图 2-28 所示。

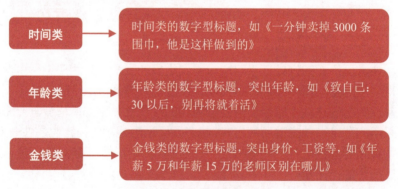

图 2-28 数字型标题的类型

数字式的标题比较常见，它通常会采用悬殊对比、层层递进等方式呈现，目的是为了营造一个比较新奇的情景，对受众产生视觉上和心理上的冲击。

事实上，很多内容都可以通过具体的数字总结和表达，只要把想重点突出的内容提炼成数字即可。同时还要注意的是，在打造数字型标题的时候，最好使用阿拉伯数字，统一数字格式，尽量把数字放在标题前面。当然，这也需要短视频运营者根据视频内容来选择数字的格式和数字所放的位置。

第 3 章

视频策划
让用户为你击节赞叹

> 短视频运营者在策划视频拍摄时,首先要做的就是招聘团队成员,组成一个短视频拍摄团队;接下来就是短视频策划的重点,编剧和导演整合有限的资源,写出一个符合账号人设的剧本。

024 搭建视频团队

一个短视频运营者要想运营好自己的账号，需要利用自己手中的资源，组建一个强大的短视频团队。

在组建短视频团队时，根据投入的资金不同，我们可以采用 3 种配置方式，如表 3-1 所示。

表 3-1 视频团队配置

高 配	中 配	低 配
编剧	内容运营	自编自导自演自拍自剪的短视频运营者
导演		
道具		
运营		
演员	演员	
化妆		
配音		
美工	视频制作	
剪辑		
摄影		

1. 高配

对于高配的抖音视频团队，这里不得不提及"陈翔六点半"的官方抖音号，如图 3-1 所示。

图 3-1 "陈翔六点半"的官方抖音号

"陈翔六点半"这个团队早在2014年就已经开始拍摄爆笑迷剧,后来随着抖音短视频等平台大火,他们又开始实施多平台战略。如图3-2所示,为"陈翔六点半"团队拍摄现场,我们可以看出这个团队已经拥有专业的器材和各司其职的专业人员。

图3-2 "陈翔六点半"团队拍摄现场

"陈翔六点半"这个抖音号的定位是搞笑短视频,笔者随便点开两个他们的抖音短视频,其中流畅的剪辑、自然的表演、接地气的台词、简洁的布景和充满反转的剧情……都可以看出他们在短短几十秒的短视频里依然倾注了很多心血和热情,如图3-3所示。

图3-3 "陈翔六点半"的短视频

2. 中配

中配的短视频团队拍摄的短视频就比较常见了，我们在抖音上见到的许多短视频都是这个类型的团队制作的。如图3-4所示，为"暴走大评测"的抖音企业号，我们从短视频中就可以看出，他们制作一个短视频只需要主讲人、摄影师和后期剪辑师即可。

图3-4 "暴走大评测"的视频

当然，这类中配短视频团队都有侧重点，比如"疯狂特效师"团队制作的短视频，侧重于后期和特效，编剧和化妆师之类的工作人员就显得可有可无了，如图3-5所示。

图3-5 "疯狂特效师"团队制作的短视频

像"虫哥说电影"解说类的抖音账号,侧重于剪辑和配音,摄影师存在感就没那么强了,如图 3-6 所示。

图 3-6 "虫哥说电影"抖音账号

3. 低配

讲师严伯钧曾在布朗大学攻读博士学位,当过香港科技大学交响乐团团长,后来辍学开办了艺术公司,他被网友亲切地称为"互联网圈里最懂音乐的,音乐圈里最懂互联网的"。严伯钧在抖音上发布的短视频定位为传播知识,多半都是拿手机自拍的,算是低配的短视频创作团队了,如图 3-7 所示。

图 3-7 严伯钧的抖音短视频

在了解了抖音短视频团队的配置后，抖音运营者还需要了解团队人员的职能要求，如表3-2、表3-3所示。

表3-2 视频团队配置（1）

职位/职能	策划	镜头脚本	拍摄	剪辑软件
编导	精通	精通	了解	了解
摄影师	了解	精通	精通	了解
剪辑师	了解	了解	不一定	精通
运营人员	了解	不一定	不一定	会基础

表3-3 视频团队配置（2）

职位/职能	包装软件	抖音平台功能	抖音平台规则
编导	会基础	了解	了解
摄影师	会基础	了解	了解
剪辑师	精通	了解	了解

▶ 025 剧组人员分工

短视频运营者在策划团队运营方案时，需要在方案中明确彼此的具体工作内容，以方便彼此之间的交流合作。下面笔者将具体介绍剧组中主要人员的工作内容。

1. 编导人员

在整个短视频团队中，编导人员是核心，对整个短视频的拍摄和制作具有决定性的作用。我们经常能看到网上对某些电影的评论——"浪费了这么强大的卡司""对不住这个强大的阵容"。比如2013年上映的商业大片《天机·富春山居图》，如图3-8所示。该片主演为一线大明星，阵容很强大，但是由于导演和编剧功力欠佳，导致整部电影质量过低，口碑下滑，风评恶化，甚至成为近十年来烂片的"典范"，如图3-9所示。

在抖音短视频平台上，我们能看到一些优秀的案例，比如"陈翔六点半"搞笑和反转共存的优秀短视频剧本，让人捧腹大笑的同时，也不由得感慨编剧的想象力之强大。同样的，"我是不白吃"抖音号深耕于美食领域，采用动漫和美食科普相结合的方式制作短视频，其内容旨在介绍美食烹饪或者美食的来历，语言生动形象，又暗含幽默，在抖音上获得了1400多万粉丝，获得2.1亿的总点赞量，不得不说这是很成功的一个案例。

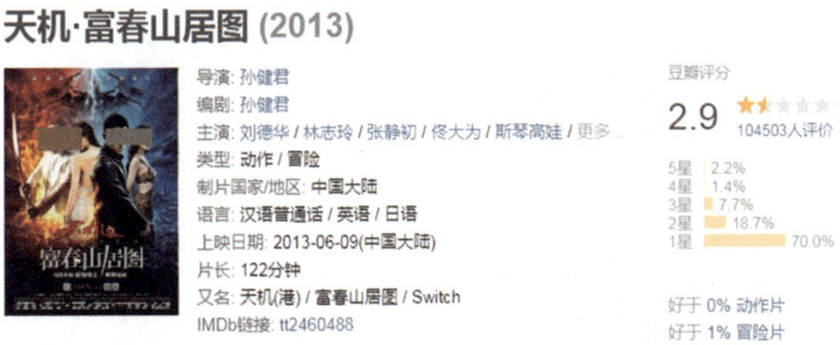

图 3-8 《天机·富春山居图》豆瓣评分

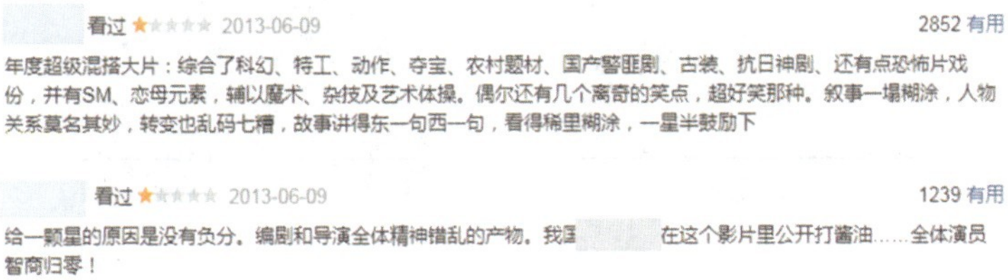

图 3-9 网上差评如潮

笔者认为，在拍摄短视频的过程中，编导一般需要具备 3 种能力，如图 3-10 所示。

图 3-10 编导需要具备的能力

2. 摄影人员

一个短视频要想在短视频平台火起来，除了编导的创意外，还需要有优秀的摄影师。如图 3-11 所示，该短视频构图没有美感，甚至清晰度还很低，这种粗制滥造的短视频注定是难以火起来的。

图 3-11　粗制滥造的短视频案例

值得短视频团队摄影师学习的是抖音美食短视频的摄影和构图技巧，其高饱和度的色彩和精美的构图，使短视频中的食物令人垂涎欲滴，如图 3-12 所示。

图 3-12　美食短视频

3. 剪辑人员

剪辑师属于幕后工作人员，他们表面看起来不重要，事实上他们的工作关系到整个短视频内容的质量。一个好的剪辑师能为短视频的故事增色，一个差劲的剪辑师则能将整个故事剪辑得乱七八糟。

最值得短视频团队玩味的是克里斯托弗·诺兰的高分悬疑电影《记忆碎片》，它虽然故事很普通，但凭借独特的剪辑手法，入选了"豆瓣电影TOP250"排行榜。

在这部电影中诺兰破天荒地将故事剪辑成两段，然后将这两段故事分别用正序和倒序的手法交叉剪辑在一起，给整个故事营造出悬疑的氛围。后来，有人将整部电影按正序剪辑出来，观众却觉得整个故事悬疑度瞬间减少了一半。如图3-13与图3-14所示，为《记忆碎片》豆瓣评分与评论。

图3-13　入选"豆瓣电影TOP250"的《记忆碎片》

图3-14　网友关于《记忆碎片》剪辑手法的讨论

在短视频的制作过程中，剪辑师负责的是后期制作，他们需要和编导团队沟通，利用自己的审美能力，从众多素材之中剪辑出短视频成品，并给短视频选取合适的配乐、特效和配音。当然，剪辑师除了需要具备审美能力外，还需要具备下述这些素质,如图 3-15 所示。

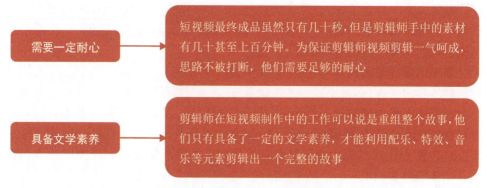

图 3-15 剪辑师应该具备的素质

4. 运营人员

运营人员的工作主要是负责短视频的宣传工作,此外还负责上传短视频、在评论区与用户进行互动、收集整理用户的反馈信息等工作。对于运营人员而言,他们需要具备下述 3 种能力,如图 3-16 所示。

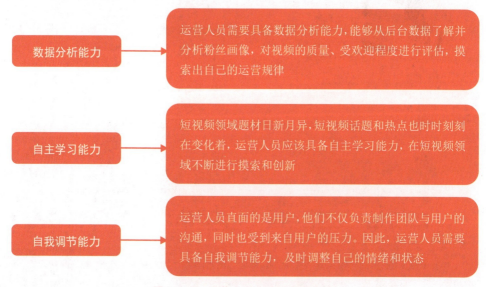

图 3-16 运营人员应该具备的能力

5. 道具人员

逼真而又真实的道具能更好地将用户带入短视频故事中,与故事中的情节、人物产生共鸣。在抖音平台上有一个叫"记录剧组翻车现场"的抖音号,记录了道具师粗制滥造的道具坑导演和演员的场景，角度奇特，颇有新意，如图 3-17 所示。

图 3-17 "记录剧组翻车现场"的短视频

按照用途我们可以将道具分为两大类，第一类是场景道具。道具师在布景时，为了凸显环境的真实性，往往会放一些符合该环境的道具，虽然拍摄时这些道具不一定会有特写镜头。短视频中的牌匾、对联等，都属于场景道具。如图 3-18 所示。

图 3-18 拉面短视频

第二类道具是表演道具，整个短视频故事将围绕表演道具所展开。如图 3-19 所示，为给糖定型的短视频，匠人工具上的糖稀便是表演道具。

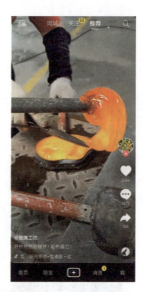

图 3-19　糖稀短视频

6. 表演人员

短视频虽然只有短短几十秒,但是演员的表演却至关重要。首先,演员在镜头前表演要生动自然,这就是我们常说的镜头感;二是演员在镜头前要有强烈的表现力。如图 3-20 所示,该短视频中的男子表演的是挑衅老婆反而被老婆打的情节,表演得十分有镜头感。

图 3-20　搞笑短视频

026 剧本基本格式

剧本指的是拍摄之前的故事模板，它大致可以分为文学剧本、分镜剧本和完成台本 3 种。

1. 文学剧本

文学剧本主要由剧本封面、主要人物表、场面标头、情节、对话和动作等基本元素构成。

1）剧本封面

一般来说，文学剧本封面都会有剧本名和作者名，演员或剧本工作人员一看剧本封面就能明白该剧的名字和编剧名字。如图 3-21 所示，为电影《红高粱》剧本封面，我们可以从封面看到剧名是《红高粱》，编剧是陈剑雨、朱伟和莫言。

2）主要人物表

笔者再拿《红高粱》剧本举例，该剧本开头就是人物表，它用简洁的文字大致介绍了剧中的主要人物，比如"九儿——我奶奶""余占鳌——我爷爷""豆官——我爹"等，如图 3-22 所示。

图 3-21 《红高粱》剧本封面　　图 3-22 《红高粱》主要人物

我们都知道，《红高粱》文学剧本是改编自诺贝尔文学奖得主莫言的第一部长篇小说，而小说和文学剧本是不一样的，小说是通过叙述和人物对话等方式来交代人物名字的，下面来看一段原著中人物出场介绍：

一九三九年古历八月初九，我父亲这个土匪种十四岁多一点。他跟着后来名满天下的传奇英雄余占鳌司令的队伍去胶平公路伏击日本人的汽车队。奶奶披着夹袄，送他们到村头。余司令说："立住吧。"奶奶就立住了。奶奶对我父亲说：

"豆官，听你干爹的话。"父亲没吱声，他看着奶奶高大的身躯，嗅着奶奶的夹袄里散出的热烘烘的香味，突然感到凉气逼人，他打了一个颤。肚子咕噜噜响一阵。余司令拍了一下父亲的头，说："走，干儿。"

对比这一段原著中的人物出场介绍，我们可以明白文学剧本中人物介绍相对直白很多，没有那么多复杂的文学手法。此外，文学剧本中的主要人物介绍可以写得更详细一些，比如《大明劫》文学剧本中的主要人物表，如图 3-23 所示。

主要人物表

吴又可 45 岁（取苏州地方志 1587 年生-卒年不详） 苏州东山医生 名有性 字又可 号淡斋

崇祯在位 17 年间，全国性的大瘟疫便有 15 次之多。吴又可创造性地提出瘟疫是由病气从口鼻он人，并且可以人传人。在当时以《伤寒论》为医学基础的中医界被视为异端邪说，在吴又可为自己的医学著作《瘟疫论》写的序言里，自称《瘟疫论》是发愤之作。吴又可的身上既能看到医者的仁心仁厚，又有坚持反叛和男人血性。

孙传庭 48 岁 陕西总督 后官至五省总督，官居一品

孙传庭（1593 年－1643 年），字伯雅，代州镇武卫（今山西代县）人，进士出身。生于明神宗万历 21 年，卒于明思宗崇祯 16 年。明朝最后的柱石，三年前正当追击只余十八骑的李自成时，被征召回京开入狱。三年后面对危局奉旨出征，进行一场无望的战争。

图 3-23 《大明劫》主要人物表

从图 3-23 中我们可以看出，该文学剧本对吴又可和孙传庭的字号、年龄、生卒年、生平等信息进行了简单介绍，这样做有 4 个目的。

- 有助于选角导演了解角色特点，以寻找适合该角色的演员。
- 方便演员了解角色背景，融入角色。
- 有利于导演构建人物形象，更加全面地协调各部门进行工作。
- 道具组、服装组了解该角色性格、年龄、所处年代等要素后，能制作出更贴合人物形象的道具和服装。

3）场面标头

如图 3-24 所示，"第 2 场 开封 城外闯军阵营 日 外"等信息都是属于场面标头。

一般来说，文学剧本中的场面标头需要包含场、地、时、景等要素。"场"指的是拍摄的第几场戏，图中的"111"和"112"指的就是第 111 场戏和第 112 场戏；"地"指的是当前情节所发生的地点，图中"祠堂"就是第 111 场戏和第 112 场戏拍摄的地点；"时"指的是当前情节所发生的时间点，图中的"夜"或"日"指的就是该场戏发生的时间点在晚上或白天；"景"有内外景之分，户内景简称为"内"，户外景简称为"外"，如图 3-25 所示。

4）情节

文学剧本中每一场戏都需要故事情节支撑，比如在《大明劫》文学剧本第

13场戏中，描绘的是陕西潼关的景象，已被崇祯任命为兵部右侍郎的孙传庭前往陕西接管军务。在这场戏中，编剧先从潼关景物写起，然后通过对文武官员、军队、冯氏、世宁和孙传庭等角色进行传神的描写，孙传庭及其五千精兵入驻潼关之情形就跃然纸上了，如图3-26所示。

第2场 开封 城外闯军阵营 日 外
望远镜的主观视角：炮弹炸响，一小队闯军停止冲锋，有序撤退。
远处，一面闯字旗升起，李自成的军队正在从四面八方聚集，是要发动一轮更大更强的攻击。
漫山遍野的闯军如水银泻地般围拢。
明军将领拿单筒望远镜的手抖动不已。

第3场 开封 城内 日 外
一个满脸血污的明军士兵脚步匆匆跨过地上睡得横七竖八的残兵们。
满脸血污的士兵将一张写有"开封告急"的纸条细细折好，放到信鸽脚上的脚环里，放飞信鸽。
信鸽腾空而起，飞向浓雾中。

图 3-24 《大明劫》文学剧本节选

111、祠堂 夜 外
黑娃民山匪骑马驰过。
黑娃调转坐骑回到祠堂门下，举起驳壳枪将匣内子弹一发不剩的射向门上的牌匾。
枪声响彻在白鹿村。

112、祠堂 日 内
弹痕累累的牌匾立放着，族人们黑压压地站满了厅里院外。白嘉轩腰身扎裹着药布躺在靠椅上，一位白发苍苍的老者出身示意大家安静。
老者："老族长！大家来的意思只有一个，这小娥是非同寻常的厉鬼！自她来白鹿原寒的视招的灾小的不说，大的旱灾刚完，瘟疫可又起来了。大家都担心她发引的邪气要不止住，瘟疫真能把白鹿原上的生灵死光灭绝了去。大家请你老族长出面持头，把小娥装殓厚葬给她修庙塑身敬香烧火，祛灾免祸。"

图 3-25 芦苇版《白鹿原》文学剧本节选

第13场 潼关 城门 夜 外
前方赫然一座城池。
夜色中的潼关此时灯火通明，城墙之上旌旗招展。
城门打开，吊桥缓缓放下。
守城将领和一众文武官员站在门前恭迎孙传庭一行。
举着火把行军的队伍正开进城门。军队中间的马车上轿帘掀开一条缝，冯氏探头向城头望了一眼，世宁也将头挤着伸了出来，望着城头。
孙传庭勒住马缰，仰头看向城楼上的潼关二字，似有许多感慨。
孙传庭策马进城。
在瓮城中迎候的指挥使任琦：卫指挥使任琦迎候督师！
孙传庭：授剿总兵贺人龙，现在何处？
任琦：按督师所召，陕地各路人马除了贺人龙，都已到潼关集结。
孙传庭点了点头。

图 3-26 《大明劫》文学剧本节选

5)对话

对话不仅能给观众传递一些重要信息,还能推动故事情节的发展。如图3-27所示,为芦苇版《白鹿原》文学剧本第22场戏(节选),编剧通过白嘉轩与鹿三之间的对话交代了时代背景——"民国"二年,这里的对话暗含着清朝统治已经结束,白鹿原的乡民都开始剪辫子了,但是我们从后面灵灵缠脚的对话中可知道,虽然辫子开始铰了,但是裹小脚的陋习还在。

22、白嘉轩门外

鹿三给白嘉轩剃着光头,说"辫儿一铰,你也就算革了命咧。"
白嘉轩:"皇历都民国二年了,咱也算对的起他清爹了。咋,你还是不剪,留下等着下回革了命换个乡长当呀?"
鹿三:"县长我都不换。我不管他清朝还是民国,没这辫咧,我的头坠搭不住。" 白嘉轩:"你看我头,支的稳稳的,只要咱碗里有食身上有衣日子能过顺当了,管他谁坐里位坐那位都一样。咋咧?灵灵娃嚎啥呢?"
一阵阵凄厉惨人的哭喊声传来,白嘉轩顾不得未刮净的头,起身朝前院跑去。
白母、白妻仙草给女儿白灵缠脚,她的哭痛声声揪心。
白嘉轩进来夺下妻子手中的白布,塞进炕洞里去,抱住了女儿。仙草迟疑地看着他说"你不让缠脚,娃将来长一双丑大脚,嫁给要饭的都没人要。"
白嘉轩抚着女儿头说"将来?将来嫁不出门的,怕是你的这号脚哩,你谁再敢缠灵儿脚,看我把你手剁了去——"

图3-27 芦苇版《白鹿原》文学剧本(节选)

6)动作

文学剧本中的动作描写要有画面感,一个有功底的编剧是能够通过人物的动作描写将心理状态烘托出来的。如图3-28所示,为《红高粱》文学剧本第34场戏(节选),编剧通过"端着木锨""铲出高粱坯子"等动作描写,将伙计们烧酒的熟练操作淋漓尽致地描写了出来。

34. 烧酒作坊

烧酒作坊里热气蒸腾。
两个一米多高的木制大甑如两座墩实的铁塔并排着雄踞一方。木甑罩在大铁锅上,甑底是一张密眼竹笆子。八个只穿着遮盖短裤头的伙计分成两组,端着木锨,从大缸铲出一块块生着绿色松花霉点、散发着甜味儿的高粱坯子,往那热气蒸腾的大甑里一点抖落。热气压不住,寻着缝儿往上蹿。
八人中有余占鳌。他的滚圆的、肌肉饱满的胳膊端着木锨,圆睁着黑白分明的双眼盯着甑底,哪儿蹿冒热气,他的高粱坯子就往哪压。他那见棱见角的脸上,如磨盘一样宽阔的、肌肉发达的胸膛上,油汗浸浸。
烧火的小伙计,轮番往两个大灶膛里填着劈柴柈子。火势熊熊,直拖锅底。两口大锅里沸水潮动,强劲的蒸汽从甑里直往上蹿。

图3-28 《红高粱》文学剧本节选

2. 分镜剧本

文学剧本是视听语言,它为视频拍摄奠定了基础,但是不能直接用来拍摄,而能直接用来拍摄视频的是分镜剧本。

1)剧本封面

我们以《苦恋》为案例进行分析,《苦恋》分镜剧本封面正中央是剧名,地脚(靠近纸张底部的部分)上写着制片方"长春电影制片厂"和时间"一九七九年十月",如图 3-29 所示。

图 3-29 《苦恋》分镜剧本封面

2)镜头序号

如图 3-30 所示,为《苦恋》分镜剧本,图中标识出的数字代表的就是镜头序号。

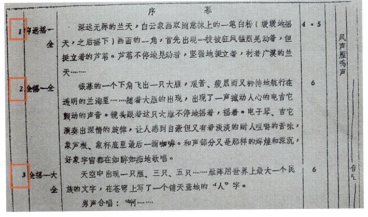

图 3-30 《苦恋》分镜剧本(节选)

专家提醒

什么是分镜剧本？它指的是导演根据编剧的文学剧本设计画面、添加音乐、设置节奏、添加导演风格的剧本。它主要由剧本封面、镜头序号、景别、画外音、画面内容、镜头解说词、音乐或音响效果等要素构成。

3）景别

导演会在分镜剧本将景别写出，比如《苦恋》分镜剧本中，经常出现的"特""中""远"就是指的景别，其中"特"指的就是特写，比如"一条鱼上钩了，摇动着发出响声。（水响声）"前面注明了"特"字，指的就是该处拍摄时应使用特写镜头；"中"指的是中景，比如"逃犯游来，用颤抖的手从鱼钩上摘下摇动着尾巴的鱼（摇），急忙游回苇丛"前面注明了"中"字，说明此处拍摄时应当使用中景镜头；"远"指的是远景，比如"人字形的雁在空中飞着、飞着……"前面注明了"远"字，说明该处拍摄时应当使用远景镜头，如图 3-31 所示。

图 3-31 《苦恋》分镜剧本（节选）

4）画外音

凡是影片中发出声音的声源不在画面之中，或者说不是由影片中人或物发出来的声音，我们都可以称之为画外音。

我们最常见的画外音就是新闻之中的画外音，当记者没有发出声音，画面中被采访者也没有发出声音，但是画面中却存在一个源源不断的声音在介绍被采访者的信息，这个声音就是画外音。

如图 3-32 所示，在《苦恋》分镜剧本开头，导演和编剧就采用了画外音——"画外亲切地独白:'让我们介绍一个人吧!一个画家,一个我们的朋友!相信也会成为你们的朋友!'"

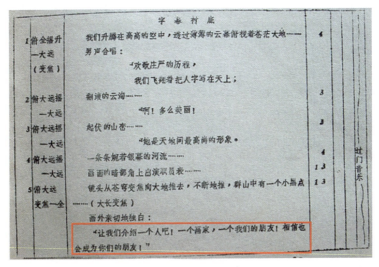

图 3-32　《苦恋》分镜剧本(节选)

5)画面内容

画面内容是剧本最常见的元素,比如图中的"一轮巨大的、牛血红的太阳。画家(中景)叠在太阳上,口里衔着烟斗在不停地走着,走着……""一片嫩绿的秧田,万绿丛中一点红""漫山遍野的野花充满画面"等描述性语言都属于画面内容,如图 3-33 所示。

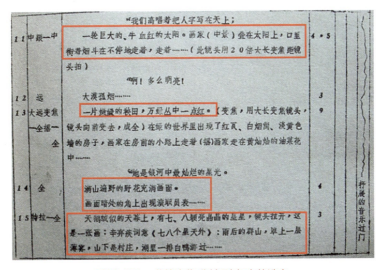

图 3-33　《苦恋》分镜剧本(节选)

6）镜头解说词

如图 3-34 所示，图中的"此镜头用 20 倍大长变焦距镜头拍""变焦，用大长变焦镜头，镜头向前变去，成全（变成全景）"等补充性语言都属于镜头解说词，摄影师一看到镜头解说词，结合画面内容，他就能在脑海中立马生成一幅镜头运动图。

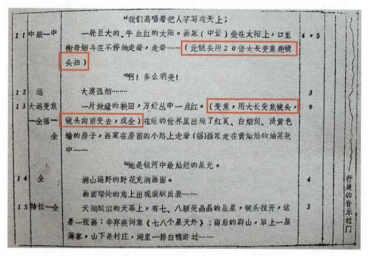

图 3-34 《苦恋》分镜剧本（节选）

7）音乐或音响效果

如图 3-35 所示，"风琴声""更梆声（指打更声）""风铃声"等，都属于音响效果。

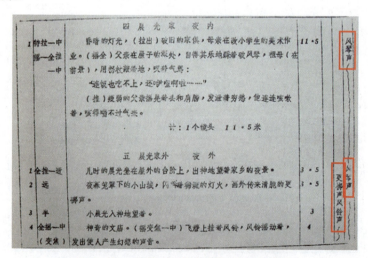

图 3-35 《苦恋》分镜剧本中的音响效果

分镜剧本中的音乐可以分为两种，即背景音乐和人声合唱。背景音乐是可以烘托环境和人物情感的，比如在《苦恋》分镜剧本的第 17 场戏中，导演在"满天玉兰花，衬着晴朗的天空"后注明了"明丽的音乐"，此处是为了方便导演寻找明丽的音乐插入视频中，如图 3-36 所示。

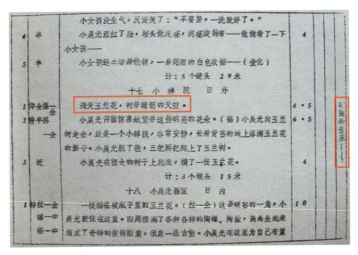

图 3-36 《苦恋》分镜剧本中的背景音乐

对于一些导演来说，他们会和作曲家合作，让他们谱写符合视频情境的音乐；当然，还有一些影迷型导演，他在写分镜剧本时就已经知道要插入哪首音乐。

在分镜剧本中，除了背景音乐外，还有男声合唱。"男声合唱"除了可以渲染人物情感外，还可能起到暗示剧情的作用，如图 3-37 所示。

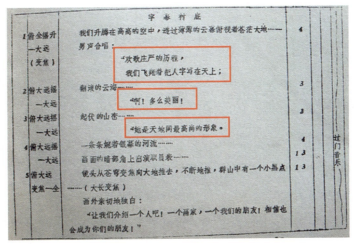

图 3-37 《苦恋》分镜剧本中的男声合唱

3. 完成台本

什么是完成台本？完成台本又可以称之为镜头记录本，场记将已经完成的视频，以及该视频的镜头顺序、运镜手法、景别、画面内容、音乐等内容简略而完整地记录下来的剧本。不过，由于短视频拍摄一般时长较短，可以不需要完成台本，因此在下面笔者只做简单介绍。

完成台本的格式基本和分镜剧本差不多。由于完成台本是在电影制作完成后写的，所以需要在其中标明镜头拍摄长度，如图 3-38 所示。

总号	镜号	景别	摄法	主　　要　　内　　容	音乐	动效	长度
				许可证			9+06
				出品单位：中国儿童电影制片厂 中国电影家协会 北京　　国际文化发展有限公司			13+02
				出品人： 总监制： 总策划： 总制片人： 制片人： 执行制片人： 编剧： 摄影师 美术师 灯光师 录音师 剪辑师 领衔主演 主　演 特别介绍 导演：			32+00

图 3-38　某电影完成台本

027　剧本创作要素

短视频剧本创作有两大要素需要短视频团队注意，具体内容分别叙述如下。

1. 视频要短

虽然短视频剧本写作格式基本和电影剧本一样，但是它们之间最大的不同点就是"短视频"时长短，因此短视频团队需要在有限的时长之内，将视频内容完整地表现出来。

2. 情节要完整

短视频虽然短小，但是它依然要符合剧本情节发展要求，下面笔者简明扼要地介绍反转剧情短视频的 4 个要素。

（1）开端：由于时长限制，短视频团队没必要过多地渲染环境，或交代故事背景，而应简单明了地交代人物冲突，让用户瞬间被这个新颖的开头所吸引住。

（2）发展：当用户被视频开端的人物冲突所吸引时，这时编导需要巧妙地设置一些情节，让用户掉入惯性思维的陷阱之中。

（3）高潮：故事情节发展到高潮时，用户已经被自己"一厢情愿"的惯性思维所困住，期待着接下来的情节都在自己意料之中。

（4）结局：这时候短视频团队应该安排一个出乎意料但合乎情理的结局，类似于马克·吐温和莫泊桑小说的结局。

028 剧本创作原则

虽然说文无定法，但是依然可以从优秀的短视频剧本中寻找一些优秀的共同点，寻找到它们共同遵循的创作原则。

1. 标签化原则

我们拿抖音平台来举例，它最大的特点是标签化。当然，不仅仅是抖音，大部分短视频平台都具备此特点。

举个最简单的例子来说，用户在抖音平台上不是简单的"人"，它是一个由众多标签组成的数据。比如某男子 30 岁左右，那么"30 岁"就是该用户的标签；他经常点外卖，那么抖音算法可能会给他贴上"单身"标签；他经常购买数码产品，那么抖音算法会给他贴上"数码发烧友"的标签。甚至用户使用的手机也是其中一个标签，比如某用户使用的是小米 10，那么抖音会根据这个标签，智能推送小米 10 相关手机壳和手机膜的广告，如图 3-39 所示。

因此，短视频团队在拍摄短视频时，就需要将短视频标签化。如图 3-40 所示，这两个带有完整剧情的短视频都贴上了合适的标签。

2. 电梯时间原则

电梯时间原则又叫麦肯锡 30s 电梯理论，它来自麦肯锡公司的一次惨痛经历，它指的是麦肯锡公司曾经为一个大客户提供咨询服务，在咨询结束后大客户在电梯里遇到了麦肯锡公司的项目负责人，问他咨询的最终结果如何。

当时电梯从 30 层下来，留给这个项目负责人的时间只有 30s。很遗憾的是，该项目负责人没有提前做好准备，一时被问住了，支支吾吾了半晌，什么也答不上来，导致麦肯锡公司最终失去了这位大客户。

图 3-39 抖音推送的广告

图 3-40 贴了标签的短视频

经过这次事件之后，麦肯锡公司得出了两个结论。

1）直奔主题

在做总结时，要将问题表述清楚，在讲述时应直奔主题，不能拐弯抹角，更不能拖泥带水,最好直截了当地将问题表述明白。一般情况下,大家只能记住3条,所以总结最好浓缩在3条之内。

2)压缩时间

最好在最短的时间内将总结表述清楚,不能拖太长时间,不然显得自己总结不到位、思维紊乱。一般来说,大家很难记住又长又乱的总结,所以表达总结的时间要压缩在最短的时间内。

因此,根据电梯时间原则,短视频团队在策划剧本拍摄时,视频主题要简洁明了,不能拖泥带水,如果用户看完短视频后仍然一头雾水,那么只能说明该短视频主题不够明确;视频时长要尽量压缩,最好控制在30s左右。

029 剧本创作技巧

如下所述是笔者曾经策划短视频剧本时积累的创作技巧。

1. 情节和人物

情节是整个短视频的核心,而人物形象又是短视频情节的核心。因此,一个优秀的短视频剧本必须具备两个要素,分别是精彩的故事情节和鲜明的人物形象。

2. 三幕剧结构

著名电影剧作家威廉·戈德曼(William Goldman)曾说:"电影剧本就是结构,它是维系你故事的脊椎。"因此,我们可以知道结构对于剧本的重要性。而在电影剧本中,最常见的结构就是三幕剧结构,如《阿凡达》等好莱坞大片都采用三幕剧结构。如图3-41所示,为悉德·菲尔德(Syd Field)《电影剧本写作基础》中举例的三幕剧结构示意图。

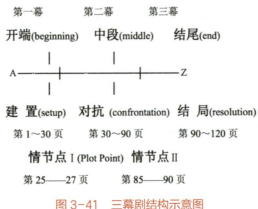

图 3-41　三幕剧结构示意图

图中所讲的是电影剧本结构，但是短视频团队可以借鉴到短视频拍摄中，比如一个45s的短视频，短视频团队可以在前15s对剧情进行建置（setup），中间15s给人物设置对抗（confrontation）剧情，最后设置一个结局（resolution）。

3. 现身说法

现身说法可以给观众带来一种身临其境的感觉，把自己代入角色所讲解的故事或情节中。如图3-42所示，视频中主角会现身说法，亲自为观众解释"悬浮现象"背后的科学原理。

图3-42 主角现身说法的视频

030 优秀剧本的特点

一般来说，优秀的短视频剧本都具备以下3个特点。

1. 可以打动用户的情感

只有短视频中的内容能够打动用户情感，他们才会主动去传播这个短视频，从而拓宽该短视频的传播渠道。比如，笔者有两个正在学习书法的朋友，他们会将抖音上关于书法的短视频互相分享，如图3-43所示。

视频策划
让用户为你击节赞叹 第3章

图 3-43 朋友间互相分享短视频

● 2. 剧本细节精益求精

笔者接触过许多成功的抖音团队，他们会花时间和用户沟通，研究后台的用户画像，根据用户的特点或习惯精心打磨剧本，以符合观众的喜好。

● 3. 敢于创新

短视频运营者应该心知肚明，如果同一个人设或同一个套路的短视频剧本重复多了，用户就很容易产生审美疲劳。用户可以学习《电锯惊魂》系列的剧本特点，它每一部都有反转，但是每一部反转的情节点都不一样，观众往往很难猜到编剧下一部《电锯惊魂》会在哪里反转。

031 热门剧本的类型

笔者下面总结出短视频中最常见的剧本类型，短视频团队可以以此为参考。

● 1. 治愈类型

在韩剧中最常见的就是治愈类型爱情电视剧，比如电视剧《杀了我，治愈我》讲的就是人格分裂的男主角被女主角治愈的故事，该剧当年播出时深受欢迎。当然，短视频也可以借鉴这种剧本的创作经验，创作一些治愈类型的爱情短视频，如图 3-44 所示。

图 3-44 治愈类型的爱情短视频

2. 搞笑类型

搞笑类型是抖音平台上最受欢迎的类型。短视频团队需要有出奇的创造力,才能写出令人捧腹大笑的剧本。如图 3-45 所示,该短视频剧本就是最简单的搞笑剧本,主角想要吃早餐,但是不小心配料撒多了,于是他用吸尘器将配料吸走,却不小心将荷包蛋也吸走了。最后视频标题配上"这让本不富裕的家庭更是雪上加霜",笑点立马就显现出来了。

图 3-45 搞笑短视频

3. 超能力类型

在抖音等平台上，超能力类型的短视频一般来说重点在于策划分镜剧本和后期的超能力特效，如图3-46所示。

图3-46　超能力类型的短视频

032　剧本创作步骤

短视频剧本创作一般可分4步，下面笔者将进行具体介绍。

1. 列出大纲

写剧本跟构思文章一样，编剧首先需要将剧本大纲列出来，提前安排好人物之间的关系，设计好故事背景，编出一条精彩的故事线。需要注意的是，剧本是短视频的灵魂，因此短视频团队在构思故事线时，必须保证故事线的可看性，如果故事线过于枯燥乏味，就无法吸引用户的注意力。

2. 设计场景

在撰写剧本的过程中，编剧和导演需要考虑到短视频的场景设计，以强化用户的代入感。比如，如果剧本内容讲的是公司员工加班，那么短视频团队就需要找一个公司办公室作为拍摄场景；如果剧本内容讲的是两个高中生的故事，那么视频拍摄团队就要找一家学校作为拍摄场地。

不过，短视频团队需要注意的是，很多时候剧组资金都是有限的，因此应尽量保证剧本中的场景能在生活中取景，不然编剧写个《指环王》《阿凡达》之类的短视频剧本，短视频团队也没有资金去制作这种大场景。

3. 内容最好有转折

一般来说，低成本的短视频最大的优势就是剧情，而短视频剧情中最受用户欢迎的就是反转剧情。因此，短视频团队在剧本中加入合情合理的反转情节，更能吸引用户的目光。

4. 控制时长

编剧在撰写剧本的过程中，要注意把控时间，抖音、快手短视频留给剧情时长一般是 30s 左右。如果时长过长的话，用户就没有坚持看下去的动力；如果时长过短，编剧就难以展示完整的剧情。

第 4 章

视频情节
掌握起承转合的艺术

情节是短视频内容的重要组成部分。许多用户之所以喜欢刷短视频,主要就是因为许多短视频的情节设计足够吸引人。

具体来说,短视频运营者可以重点从故事剧本设计和满足用户的心理这两个方面进行思考。

033 视频定位清晰

在短视频账号的运营过程中，短视频运营者应该对短视频内容进行准确的定位，即确定该账号侧重于发布哪方面的内容。内容定位完成后，短视频运营者可以根据定位打造相关的短视频内容，并通过短视频强化人设的特征。

人设就是人物设定，用通俗易懂的话来说，就是给人物贴上一些特定的标签，让用户可以通过这些标签准确地把握人物的某些特征，进而让人物形象在用户心中留下深刻的印象。

如图 4-1 所示，正如该账号名称一样，视频中的主角是一头猪，它的名字叫"猪小迈"，是短视频运营者用 3D 动画技术制作出来的形象。在该视频中，短视频运营者假托猪小迈之嘴讲起来段子："地球不爆炸，床我都不下。你要拿钱跟猪比，猪都害怕。周一睁开眼，我就盼望着放假。"

图 4-1 通过定位加强人设特征

在这个账号中，短视频运营者经常会假托猪小迈之嘴来讲一些段子，久而久之就在用户心中给猪小迈塑造了一个幽默可爱的形象。很显然，该短视频运营者便是通过清晰的内容定位来加强猪小迈的人设的。

▶ 034 幽默反转剧情

笔者这里介绍两种最受短视频用户欢迎的剧情套路，第一种是幽默剧情，第二种是反转剧情。

1. 幽默剧情

许多用户之所以要刷短视频，就是希望从短视频中获得快乐。基于这一点，短视频运营者要写得了段子，通过幽默搞笑的短视频剧情，让用户从短视频中获得快乐。

如图4-2所示，一对夫妻坐在长椅上正聊着天，突然有一位女士来到了他们跟前。这位女士直接带着质问的语气对夫妻中的丈夫说："你为什么电话不接，信息不回？"妻子听到这里，还以为自己的丈夫在外面拈花惹草了，于是给了自己的丈夫一巴掌，并质问那位女士："你是谁？"没想到接下来那位女士却说："我是送快递的。"妻子这才意识到自己理解错了，打错了自己的丈夫，而此时丈夫正一脸无辜地看着她。

图4-2 热门搞笑的短视频

看完这个短视频之后，许多短视频用户都会觉得非常幽默搞笑。因此，看完之后都不禁会会心一笑，为短视频的剧情点赞。

2. 反转剧情

如果用户刚看到你的短视频开头，就能猜到结尾。那么，用户就会觉得这样的短视频没有可看性，甚至于有的用户看到这一类视频时，只看了开头就没有兴趣再继续看下去了。

相较于这种看了开头就能猜到结尾的短视频，那些设计了"反转"剧情的短视频内容，打破了人们的惯性思维，往往会让人觉得眼前一亮。

如图4-3所示，儿子不爱读书，父亲决定带孩子上工地，给孩子上一堂教育课。当儿子搬完第一堆砖后，父亲问儿子："读书好还是搬砖好？"儿子瞥了一眼，说："我是不会去读书的。"父亲说："那边还有三堆砖。"等儿子把三堆砖全部搬完后，父亲又问儿子："你要是不好好读书，以后就只能卖力气赚钱，只能上工地来搬砖。"儿子听后若有所思地回答："搬砖太辛苦了，我不想搬砖。"父亲听后面露喜色，以为自己的教育终于起作用了，兴奋地说："真的？你总算想清楚了，没枉费我的一片苦心。"儿子一脸向往地说："我要去要饭，不用费力气，坐着就能赚钱。"留下父亲在风中独自凌乱。

图4-3 设计"反转"剧情的短视频

该短视频之所以能够吸引众多用户的关注，并获得了大量的点赞和评论。主要是因为这个短视频中设计了"反转"剧情，让用户看完短视频之后，在看到让人措手不及、意想不到的剧情时，觉得剧情内容安排十分巧妙，并让用户忍不住想要为短视频点赞。

035 狗血套路剧情

在短视频剧情的设计过程中，短视频运营者可以适当地运用一些套路，更高效地制作短视频内容。短视频剧情设计的套路有很多，其中比较具有代表性的一种就是设计狗血剧情。

狗血剧情简单的理解就是被反复模仿翻拍、受众司空见惯的剧情。虽然这种剧情通常都有些烂大街了，但是既然它能一直存在，就说明它还是能够为许多人接受的。而且有的狗血剧情在经过一定的设计之后，还会让人觉得别有一番风味。因此，狗血情节设计的套路，有时对于短视频运营者来说也不失为一种不错的选择。

如图 4-4 所示，女孩怀疑是男朋友弄丢了她的卷发棒，于是持着棒球棒兴师问罪："我的卷发棒呢？"男孩急忙将视线从手机屏幕上移开，一脸茫然地看着女朋友，半晌才支支吾吾地说："你的卷发棒就棒……棒在气质很搭。"

图 4-4　设计狗血剧情的短视频（1）

再举个例子，如图 4-5 所示，女孩将男孩通讯录中的女性好友全部删除了，当男孩质问她的时候，她说："删了又怎么样？"男孩说："这是我跟进了很久的客户，你这让我怎么办？"女孩说："删都删了，你还凶我。"

图 4-5 设计狗血剧情的短视频（2）

像这种情侣之间拌嘴的剧情是老套路了，但这两条视频却吸引了许多用户的关注，由此便不难看出，这种设计了狗血剧情的短视频依然是有一定市场的。

036 时事新闻视频

为什么许多人都喜欢看各种新闻？这并不一定是因为看新闻非常有趣，而是因为大家能够从新闻中获取有价值信息。

1. 时事新闻

短视频运营者在制作短视频的过程中，可以适当地加入一些网络热点资讯，以让短视频内容满足用户获取时事信息的需求，增强短视频的实时性。

例如，央视新闻发布了一则消息，四川省文物考古研究院公布了三星堆周边的考古发现，其中一只可爱的泥塑陶猪造型像极了《愤怒的小鸟》里的小猪，引发网友热议。正是因为如此，许多短视频运营者结合该网络热点资讯设计了短视频剧情，如图 4-6 所示。

这种结合网络热点资讯打造的短视频内容，推出之后就能迅速获得部分用户的关注。这主要是因为一方面用户需要获得有关的热点资讯，另一方面如果短视频与这些热点资讯有相关性，那么用户在看到与热点资讯相关的短视频时，也会更有兴趣点击查看。

图4-6 结合网络热点资讯的短视频

2. 娱乐新闻

娱乐小新闻，特别是关于明星、名人的花边消息，一经发布往往就能快速吸引众人的关注。这一点很好理解，毕竟明星和名人都属于公众人物，他们往往都想安静地过好自己的个人生活，而不想让自己的花边消息被大众看到。但也正是因为大众无法轻易看到他们的个人生活，所以一旦某位明星或名人的花边消息被爆料出来时，就能快速吸引许多人的目光。

基于这一点，短视频运营者在制作短视频的过程中，可以适当结合明星和名人的花边消息打造短视频剧情，甚至可以直接制作一个完整的短视频对该花边消息的相关内容进行具体解读。

如图4-7所示，为关于娱乐性小新闻的短视频，因为这两个短视频中出现的人物都属于公众人物，所以这两条短视频发布之后，快速引起了许多用户的围观，而这两条短视频也迅速成为热门短视频。

用户之所以会对明星和名人的花边消息比较感兴趣，主要还是因为受到了窥探心理的影响。

图 4-7 关于娱乐小新闻的短视频

037 满足猎奇心理

短视频运营者要想让短视频吸引用户的目光,就要知道用户想的是什么,只有抓住用户的心理才能提高短视频的浏览量。因此,短视频运营者可以从用户的心理出发,通过满足用户的特定需求来提高短视频的吸引力。

一般说来,大部分人对那些未知的、刺激的事物都会有一种想要去探索、了解的欲望。所以短视频运营者在制作短视频的时候就可以抓住用户这一特点,让短视频内容充满神秘感,满足用户的猎奇心理,这样就能够获得更多用户的关注,关注的人越多,短视频被转发的次数就会越多。

这种能满足用户猎奇心理的短视频文案的标题,通常都带有神秘感,让人觉得看了短视频之后就可以了解事情的真相。如图 4-8 所示,"你猜出 D 是什么了吗?简直不要太欢乐"就是能满足用户猎奇心理的短视频文案。

能够满足用户猎奇心理的短视频文案标题中常常会设下悬念,以引起用户的注意和兴趣。又或者是短视频文案标题里面所出现的东西都是用户在日常生活中没见到过、没听说过的新奇事情,只有这样,才会让短视频用户在看到短视频的标题之后,想要去观看短视频的内容。

图 4-8 满足用户猎奇心理的短视频文案

像这样具有猎奇性的短视频其实并不一定本身就很稀奇,而是在短视频制作的时候,从用户喜欢的视角或者是用户好奇性比较大的视角来展开,这样展开的短视频,用户在看到之后才会产生观看短视频具体内容的欲望。

▷ 038 满足学习心理

有一部分人在浏览网页、手机上各种新闻和文章的时候,抱有可以通过浏览的东西学到一些有价值的内容、扩充自己的知识面和增加自己的技能等目的。因此,短视频运营者在制作短视频的时候,就可以将这一因素考虑进去,让自己制作的短视频内容能够满足用户的学习心理。

能满足用户学习心理的短视频在标题上就可以看出内容所蕴藏的价值,图 4-9 中的短视频案例标题为"地下 10000 米有什么,让我们一探究竟!"极具诱惑力,学习心理强烈的用户根本无法抵抗。

用户平时看短视频内容时并不是没有目的性,他们在看短视频时往往是想要获得点什么。而这一类"学习型"的短视频,就很好地考虑了这类用户的需求,能够引起他们的注意。

在短视频文案标题里面就体现出这个短视频文案的学习价值,这样一来,当短视频用户在看到这样的文案标题的时候,就会抱着"能够学到一定知识或是技巧"的心态来点击观看短视频。

图 4-9 满足用户学习心理的短视频文案

039 满足感动心理

　　大部分人都是感性的,容易被情感所左右。这种感性不仅体现在真实的生活中,他们在看短视频时也会倾注自己的感情。这也是很多人看见有趣的短视频会捧腹大笑,看见感人的短视频会心生感动,甚至不由自主落下泪水的一个原因。

　　一个成功的短视频文案,就需要做到能满足用户的感动心理需求,打动用户,引起用户的共鸣。

　　短视频文案要想激发用户的"感动"心理,就要精心选择那些容易打动用户的话题或者是内容。

　　所谓能够感动短视频用户,其实也就是对用户进行心灵情感上面的疏导或排解,从而获得让读者产生共鸣的效果。如图 4-10 所示,该短视频标题为"激励英勇壮举!开起火货车冲出闹市,司机获赠新车"。这种短视频就能够很好地满足用户的感动心理需求。

图 4-10 满足用户感动心理的短视频文案

人的情绪是很容易被调动的，喜、怒、哀、乐等这些情绪是人最基本，也是最容易被调动的情绪。只要短视频的制作从人的内心情感或是从内心情绪上面出发，那么制作出的短视频就很容易调动用户的情绪，从而激发用户观看短视频内容的兴趣。

040 满足抚慰心理

在这个车水马龙、物欲横流的社会，大部分人都为了自己的生活在努力奋斗着，漂流在异乡，他们与身边人的感情逐渐淡漠，生活中和工作上遇见的糟心事也无处诉说。渐渐地，很多人养成了从短视频中寻求关注与安慰的习惯。

短视频是一个能包含很多内容的一个载体，它有其自身的很多特点，比如无须花费太多金钱，或者是无须花费过多脑力，所以短视频是一种很"平价"的东西。因为短视频里面所包含的情绪大多数人普遍都亲身体验过，所以用户在遇到心灵情感上的问题的时候，也更愿意去刷短视频来舒缓压力或情绪。

现在很多点击量高的情感类短视频也正是抓住了用户的这一心理，通过能够感动用户的内容来提高短视频的热度。许多用户想要在短视频当中寻求到一定的心灵抚慰，从而更好地投入生活、学习或者是工作中。当他们看见那些传递温暖的短视频与含有关怀意蕴的短视频时，他们自己身上也会产生一种被温暖、被照顾、被关心的感觉。

因此，在制作短视频文案的时候，便可多用一些能够温暖人心、给人关注与关怀的内容，满足用户追求抚慰的心理。能够满足用户求抚慰需求的短视频，才是真正发自肺腑的情感传递。

如图4-11所示，为抖音号"一禅小和尚"发布的两个短视频，这两个短视频就是通过情感的传递来满足用户追求抚慰心理的。

图4-11 满足用户追求抚慰心理的短视频文案

041 满足消遣心理

现如今，大部分人所以会点开短视频平台上各种各样的短视频，都是出于无聊、消磨闲暇时光、给自己找点乐趣的目的。那些以传播搞笑、幽默内容为目的的短视频会比较容易满足这类短视频用户的消遣心理需求。

如图4-12所示，在某工作室的首个大型展览会上，展示了《超级计算机浪漫》中的《变形》，大荧幕上显示的是一个动画制作的人物，身上冒着五颜六色的光，让人看着很舒坦。

人们在繁杂的工作，或者是琐碎的生活当中，需要找到一点能够放松自己和调节自己情绪的东西，这时候就需要找一些所谓的"消遣"了。那些能够使人们从摆脱生活工作中烦恼的娱乐类型的短视频，大多能够让人们会心一笑，使人们的心情变得好一些。

图 4-12 满足用户消遣心理的短视频文案

短视频运营者在制作短视频文案的时候,要从标题上就能让用户觉得很轻松、愉悦,让用户看到标题的趣味性和幽默性。所以一般这样的标题都带有一定的搞笑成分,或者是轻松娱乐的成分。只有这样的短视频文案,才会让用户看完后心情变好,并让他们对短视频运营者产生好感。

▶ 042 满足怀旧心理

随着 80 后和 90 后逐渐成为社会栋梁,这一批人也开始产生了怀旧情结,对于以往的岁月都会想去追忆一下。童年的玩具娃娃、吃过的食品,他们看见了都会忍不住感叹一声,发出"仿佛看到了自己的过去!"的感言。

人们普遍喜欢怀旧是有其原因的,小时候无忧无虑、天真快乐,而长大之后就会面临各种各样的问题,也要面对许许多多复杂的人,每当人们遇到一些糟心的事情的时候,就会想起小时候的简单纯粹。人们喜欢怀旧还有另外一个原因,那就是时光。所谓"时光一去不复返",对于已经过去了的时光,人们都显得格外想念,所以也就开始怀旧了。

几乎所有人怀旧的对象都是对自己小时候经历的回忆,小时候的朋友、亲人、吃喝玩乐等,都能引起人的怀念情绪,这也就导致了"怀旧风"的袭来。而很多短视频运营者也看到了这一"大势所趋",制作了许多"怀旧"的短视频。不管是对短视频运营者,还是对于广大用户来说,这些怀旧的短视频都是一个很好的追寻过去或怀念过往的媒介。

人们对于那些追忆过往的短视频会禁不住想要点开去看一眼,看看能不能找到自己童年的影子。所以,短视频运营者可以制作一些能引起人们追忆往昔的短视频,满足短视频用户的怀旧心理需求。

总体来说,能满足用户怀旧心理需求的短视频内容,通常都会展示一些关于童年的回忆,比如展示童年玩过的一些物品,如图4-13所示。

图 4-13 满足用户怀旧心理的短视频文案

在这些案例中,短视频运营者都使用过去的事或物来引发用户内心"过去的回忆",越是在怀旧的时候,人们越是想要看看过去的事物,短视频运营者正是抓住了用户的这一心理,进而吸引用户观看短视频内容。

043 满足私心心理

人们总是会对跟自己有关的事情多上点心,对关系到自己利益的消息多点注意,这是很正常的一种行为。满足用户的私心心理需求,其实就是指满足用户关注与自己相关事情的心理。

短视频运营者在制作短视频文案的时候就可以抓住人的这一需求，通过打造与用户相关的短视频内容，吸引用户的关注。

但是需要注意的是，如果想要通过这种方式吸引用户，那么短视频中的内容就要真正与用户的实际利益有关，不能一点实际价值都没有。

因为如果每次借用读者的私心心理需求来引起用户的兴趣，可实际却没有满足用户的需求，那么时间长了，用户就会对种短视频"免疫"。久而久之，用户不仅不会再看类似的短视频，甚至会引起用户的反感心理。

如图 4-14 所示，为能满足同行的私心心理需求的短视频文案，它能引起对《王者荣耀》这款游戏感兴趣的用户的注意，从而提高用户的点击率。

图 4-14 满足用户私心心理的短视频文案

从这些案例当中可以很清楚地看到，凡是涉及用户自身利益的事情，用户都会很在意。这也是这一类短视频文案在吸引用户关注上屡试不爽的原因。这也告诉短视频运营者，在制作短视频文案的时候，要抓住和挖掘用户的这一"私心"心理，并在文案标题上将他们的目光吸引过来。

▷ 044 满足窥探心理

人们有时候很矛盾，既不想让自己的秘密、隐私被人知晓，但是又会产生窥探他人隐私或者其他事物秘密的欲望。

因此，短视频运营者在制作短视频文案的时候，可以适当地利用人们的这种窥探秘密的心理，制作出能够满足用户窥探心理需求的短视频内容，从而吸引更多用户点击查看短视频。

能够满足用户窥探心理的短视频文案的标题，通常都会让人产生一定的联想，继而引导用户去查看短视频内容，以便查探真相。这种满足用户窥探心理的短视频文案，如图 4-15 所示。

人都有窥探别人不为人知的一面的想法，而这些案例就很好地抓住了用户的这一心理，对人们比较关注的内容的另外一面进行挖掘，将那些人们所不知道的一面挖掘出来，展示在大众的视野之中。

图 4-15　满足用户窥探心理的短视频文案

第5章

引流话术
让百万粉丝之梦腾飞

> 吸粉引流一直以来都是短视频账号运营过程中的重点和难点。那么，在短视频账号的运营过程中，如何快速吸粉引流呢？
>
> 本章笔者将从多个角度展开，帮助大家快速引爆流量，吸引大量粉丝的关注。

045 基本引流技巧

短视频引流方法很重要，只要方法找对了，涨粉效率就可以成倍提升。下面笔者就为大家介绍短视频引流的方法。

1. 引出痛点话题

短视频运营者可以在短视频中通过话术引出痛点话题，这样一方面可以引导用户针对该问题进行讨论，另一方面如果短视频中解决了用户的痛点，那么短视频内容对于有相同痛点的用户就是有用处的。而对于对自己有用处的短视频内容，用户更愿意点赞转发。这样一来，短视频的引流能力就会快速获得提升。

如图 5-1 所示，该短视频运营者通过话术引出图片天空颜色单调这个痛点，并针对这个痛点制作出解决痛点的短视频。

图 5-1 根据痛点话题制作解决痛点的短视频

对于需要进行图片处理的人群来说，更换图片天空背景无疑是解决了他们的一大痛点。对这类用户来说，他们主要有两大痛点，一是图片上天空背景不好看，有必要更换天空背景；二是天空背景有很多类型，有些天空背景凭借用户自己的能力是没有办法完全抹除并更换的。

因此，看到更换图片天空背景的短视频之后，某些人群就会比较感兴趣，甚至会通过短视频评论区进行讨论，这样就可以提高该短视频的流量。

2. 引出家常话题

家常就是家庭的日常生活，每个人都有自己的生活，同时大多数人的日常生活又有着相似之处。当短视频运营者将自己的家常展示给用户时，许多用户就会通过短视频评论区一起和你聊家常。

另外，如果短视频运营者在短视频中展示的家常与用户的家常有相似之处，用户就会觉得感同身受，甚至会因此而与短视频运营者成为好友。

家常包含的范围很广，除了柴米油盐酱醋茶这些生活中的必需品之外，孩子的教育话题也属于家常的一部分。而且因为孩子的教育对于一个家庭来说非常关键，所以与这个话题相关的内容往往能快速吸引用户的关注。

也正是因为如此，部分短视频运营者便将孩子教育拍摄成了短视频。如图 5-2 所示，为一个关于父母指导孩子写作业的短视频。

图 5-2 父母指导孩子写作业的短视频

在这个短视频中，孩子写 7 个生字需要花一天的时间，把妈妈都气哭了，让人看后反思自己的孩子有没有拖拉的毛病。因为短视频中话术的引导，再加上短视频内容展示，所以许多需要指导孩子写作业的用户看完短视频后都深有感触。似乎只要指导孩子写作业，就能把人气得跳起脚来。

因此，用户会觉得短视频中的父母是同道中人，他们在看到短视频之后，会与短视频运营者交流指导孩子的感受。而随着交流的深入，短视频运营者与用户在不经意间就很可能成为好友。

3. 主动私信用户

私信是许多短视频平台中用于与用户沟通的一种重要工具,当我们需要与他人进行一对一沟通时,便可以借助私信功能来实现。对于短视频运营者来说,私信则是能够表达自身态度的一种沟通方式。当短视频运营者通过一定的话术主动私信用户时,便可以将自身的热情展示给被私信的用户。

那么,如何给用户发私信呢?下面,笔者就以抖音短视频平台为例,讲解具体的操作步骤。

步骤 01 打开"抖音短视频"App,进入个人主页界面,点击该界面下方的"消息"按钮,如图5-3所示。

步骤 02 进入"消息"界面,在该界面中短视频运营者可以点击左上方的"粉丝"按钮,选择对应的粉丝发私信。也可以从消息列表中选择对应的用户发送私信。以从消息列表中选择发私信的对象为例,用户只需点击需要发私信的用户在消息列表框中的对应位置即可,如图5-4所示。

图5-3 个人主页界面

图5-4 "私信"界面

步骤 03 进入与用户沟通的界面,可以看见以往沟通的信息。短视频运营者只需在该界面输入相关信息,便可借助一定的话术,通过私信的方式将信息发送给用户,如图5-5所示。

在给用户发私信时,短视频运营者可以表达对用户的欢迎,也可以通过一定的话术,引导用户关注短视频账号,甚至可以引导用户添加你的联系方式,或者直接引导他们前往淘宝店铺。

对于用户来说，如果短视频运营者能够主动发送私信，或者及时回答私信中提出的问题。那么，用户就会感受到你的热情。而且如果你在私信内容中进行了适当的引导，用户还会主动关注对应的账号，或者是添加对应的联系方式。如此一来，短视频运营者引流涨粉的目的自然就轻松达到了。

图 5-5 与短视频用户沟通的界面

4. 分享某种技巧

虽然许多用户刷短视频的一个原因是从短视频中收获快乐。但是，单纯的搞笑视频，在一笑过后也不会再给用户留下什么印象。因此，部分用户在刷短视频的过程中，都希望能从短视频中学到一些对自己有用处的知识或技能。

针对这一点，短视频运营者可以根据自身的定位，在短视频中分享与定位相关的知识或技能，并运用相关话术进行说明，从而提高短视频的价值量。

如果你分享的知识和技能对用户来说是有用处的，那么你的短视频内容对用户来说就有价值。而有价值的短视频内容，最容易获得用户的关注。因此，随着短视频价值量的提高，短视频对于用户的吸引力也会随之而增强。

如图 5-6 所示，向用户展示了快速拍摄星空的方法。很显然这就是通过分享技能，提高视频价值量来吸引用户的关注的。而事实是，许多用户对于拍摄星空的技能比较感兴趣，因此该短视频迅速获得了大量流量。

5. 植入其他作品

短视频运营者在制作短视频的过程中，可以适当地植入其他作品，如展示账号中已发布的短视频。然后通过一定的话术，向用户介绍作品的相关信息。从而引导用户深入了解账号已发布的内容，提高账号中已发布内容的流量。

通常来说，在短视频中植入其他作品主要有两种方式。一种是在短视频中直接提及或者展示已发布的短视频，让感兴趣的用户看到短视频之后，主动查看植入作品的完整版。

图 5-6 通过分享技能提高视频的价值量

另一种是借助短视频平台的相关功能，让已发布的作品成为新作品的一部分。例如，在抖音平台可以通过如下步骤，将已发布的短视频作为素材植入新短视频中。

步骤 01 打开"抖音短视频"App，进入需要作为素材植入的短视频的播放界面，点击界面中的 ••• 按钮，如图 5-7 所示。

步骤 02 操作完成后，页面中会弹出一个列表框，点击列表框中的"合拍"按钮，如图 5-8 所示。

步骤 03 进入短视频拍摄界面，开始短视频的拍摄。此时，短视频将分为左右两部分呈现，左边是正在拍摄的内容，右边是合拍的短视频（即被作为素材植入的短视频内容），如图 5-9 所示。

步骤 04 完成拍摄之后，即可将短视频发布。短视频发布之后，用户便可以从新发布的短视频中看到植入的短视频，通过植入视频来引导用户深入了解账号的目的也就达到了，如图 5-10 所示。

图 5-7 点击界面中的 ••• 按钮

图 5-8 点击"合拍"按钮

图 5-9 短视频的合拍画面

图 5-10 查看已植入的短视频

6. 背景音乐引流

该账号运营者是一名歌手,她在抖音上发布了许多音乐作品。如图 5-11 所示,为其抖音个人主页的"音乐"栏目,从中可以看到她发布的一些音乐作品。

图 5-11 抖音个人主页的"音乐"栏目

从以上案例可知，如果短视频运营者本身是一位音乐人，便可以通过首发背景音乐的方式，并结合相应的话术吸引用户拍摄同框，从而借助该背景音乐的传播，让更多用户关注你的账号。当然，如果你创作的音乐背景足够优秀，有时候甚至不需要结合话术进行推广，也能获得许多用户的关注。

进入音乐人的主页后，用户点击 ≡ 按钮，便可查看使用该音乐的所有短视频。例如，点击《佛系少女》后面的 ≡ 按钮，即可查看所有使用了该音乐的短视频，如图 5-12 所示。

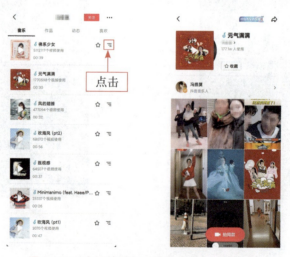

图 5-12 查看使用了《佛系少女》的短视频

点击具体的短视频封面，则可以看到短视频播放界面下方显示的音乐名称和演唱者，如图 5-13 所示。

图 5-13 查看视频具体信息

另外,如果短视频运营者不是音乐人,则可以选择拍摄同款视频进行引流,即点击右下角的"拍同款"按钮,如图 5-14 所示。短视频运营者只需点击该按钮,便可进入短视频拍摄界面,并且此时短视频拍摄界面的上方会显示"元气满满"。

短视频拍摄并发布之后,短视频播放界面则会在"音乐人"一栏,显示《元气满满》歌曲名,如图 5-15 所示。

图 5-14 显示"元气满满"   图 5-15 显示"元气满满-×××"

用户看到背景音乐显示的内容之后,就知道这个背景音乐是某歌手的歌曲

《元气满满》。如果用户对这个歌手或背景音乐比较感兴趣，可能就会查看短视频运营者的抖音号及其发布的短视频。这样一来，短视频运营者便可以借助该背景音乐的使用获得一定的流量。

许多短视频平台对于用户创作背景音乐还是比较支持的，这一点从短视频平台的部分功能就可以看得出来。例如，在快手短视频平台中的"拍同款"功能也是直接使用他人短视频中的背景音乐。具体来说，在快手短视频平台中可以通过如下操作"拍同款"。

步骤 01 打开"快手短视频"App，进入短视频的播放界面，点击界面中的 按钮，如图5-16所示。

步骤 02 在弹出的列表框中点击"拍同框"按钮，如图5-17所示。

步骤 03 进入短视频拍摄界面，在短视频的拍摄过程中，界面上方会显示背景音乐的名称，如图5-18所示。

步骤 04 短视频拍摄完成并发布之后，短视频的播放界面中的 栏，也会显示背景音乐的名称，如图5-19所示。

图5-16　点击 按钮

图5-17　点击"拍同款"按钮

图 5-18 拍摄时显示背景音乐

图 5-19 ♫栏显示背景音乐

046 账号信息引流

在短视频账号的运营过程中,短视频运营者可以借助一定的导流话术,打造私域流量池(即将短视频的公域流量引导过来,让用户成为你的粉丝和变现对象),实现流量的快速聚合。打造私域流量池的方法有很多,下面笔者先来介绍账号信息引流的话术。

账号个人简介区,顾名思义,就是用来简单介绍账号的区域。虽然账号个人简介区主要是做好账号的简单介绍,但是只要运用得当,它也是能够起到导流作用,帮助短视频运营者打造私域流量的。

具体来说,短视频运营者可以在个人简介中用带有"关注"等字眼的话术,吸引用户关注你的账号。还可以在个人简介中展示个人微信号和 QQ 号等联系方式,让短视频用户主动成为你的好友,变成你的私域流量。

如图 5-20 所示,为抖音账号的个人简介区,从中可以看到这两个账号如何通过介绍业务引导关注,通过展示联系方式来进行引流,将用户变为私域流量。

图 5-20 抖音账号的个人简介区

047 账号背景引流

在短视频平台中，账号背景图片一般出现在个人主页的上方。对于许多短视频运营者来说，账号背景图片更多的是起到装饰账号主页的作用。其实，如果账号背景图片用得好，也可以起到导流、打造私域流量池的作用。

例如，可以将带有引导用户关注账号的文字和图片作为账号背景图片，增强用户关注账号的意愿。如图 5-21 所示，在这两个账号的背景图片中，都出现了"关注"字眼，以引导用户进行关注。

当然，每个短视频账号想要达到的导流目的可能不尽相同，短视频运营者可以根据自身的目的来制作和设置带有导流效果的账号背景图片。例如，想要引导用户添加你在其他平台的账号，便可以在账号背景图片账号中展示该账号。

如图 5-22 所示，分别为某快手账号和抖音账号的个人主页，从中可以看到它们便是通过背景图片展示新浪微博账号或微信公众号主页，引导用户关注他们的微博账号或微信公众号。

图 5-21　通过背景图片引导用户关注账号

图 5-22　通过背景图片引导用户关注其他平台的账号

048　视频内容导流

短视频内容除了将重要信息传达给用户之外，还可以适当地导流，让用户关注账号，或添加你的联系方式。

如图 5-23 所示，为短视频内容画面，我们可以看到这两个运营者便是在短视频中用引导关注话术或字眼来吸引用户的。

图 5-23　通过短视频内容引导关注

当然，在通过短视频内容进行导流时，短视频运营者也应该注意自身表达的正确性。某些短视频中用的"关注我分享更多小技巧"话术就存在句式杂糅的问题，正确写法应该是"关注我获得更多小技巧"。

当用户看到这种表达存在问题的句子时，可能会对短视频运营者的水平产生怀疑，甚至会取消对短视频运营者的关注。这样一来，通过短视频内容导流的效果可能就会大打折扣了。

049　利用好评论区

随着各种"神评论"的不断出现，短视频评论区开始成为许多用户重点关注的区域之一。基于这一点，短视频运营者可以积极参与短视频的评论互动，通过一定的话语进行导流，将短视频平台的公域流量变为自己的私域流量。通过短视频评论区导流的方法有很多，短视频运营者可以根据自己的目的，设计有针对性的话语，以引导用户热议。

例如，当短视频运营者需要用户在第一时间关注自己的短视频时，可以通过短视频评论话术，说明自己更新短视频的时间，让用户按时前来观看短视频，如

图 5-24 所示。

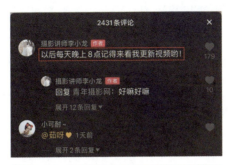

图 5-24 通过评论引导短视频用户关注

050 利用好信息流

很多短视频平台都支持投放广告，短视频运营者在做引流时，可以充分利用好短视频平台支持的各种广告形式，快速提高相关短视频的传播率。

信息流广告是抖音平台的一种广告方式，短视频运营者只需向官方平台支付一定的费用，便可让短视频内容以广告的形式呈现。此外，短视频运营者可以通过一些话术引导用户点击文案中的广告区域，进入对应的营销界面或下载相关 App，如图 5-25 所示。

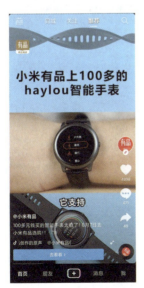 

图 5-25 点击广告区域下载 App

信息流广告是抖音平台短视频中比较直接有效的一种导流方式，短视频运营者可以通过链接的设置，直接将短视频平台中的用户引导至营销界面。除此之外，还可以在营销界面中通过一定的话术展示联系方式，为打造私域流量池准备必要的条件。

051 男性用户引流

对于大多数短视频运营者来说，运营短视频账号最直接的目的之一就是更好地实现变现。而要想实现变现，其中比较常用的一种方式是销售产品。因此，许多短视频运营者都会通过带有广告性质的短视频来带动产品的销量。

需要注意的是，大部分短视频用户对于硬广告还是比较抵触的，所以在进行广告植入时，短视频运营者还需要通过一定的话术，将广告植入进行必要的软化。

比如，在借助短视频广告吸引男性用户的关注时，短视频运营者可以针对该目标人群制定话术。

1. 强调对男性的重要性

短视频运营者可以在文案中用"男生/男士/男神/潮男必备的……""男生/男士/男神/潮男一定要有的……"等句式，强调该产品对于男性用户的重要性，如图5-26所示。

图5-26 话术对男性用户的重要性

用户通常都会对自己比较重要的信息比较在意，通过话术强调产品对男性用户的重要性，男性用户的目光自然就会被吸引过来。特别是当重要性与效果搭配时，男性用户对于产品的需求将大幅提高。

例如，短视频运营者用"男神必备的……"的句式进行表达时，男性用户就会觉得短视频中的产品是成为男神的必备物品。大多数男性都希望自己有足够的魅力，能成为女性眼中的男神。所以，当看到短视频中的产品能助益自己成为男神时，男性用户对于该产品的需求量自然会提高。

2. 变成送给女性的礼物

许多男性在给女生、女朋友和妻子选礼物时都是比较纠结的，他们总是感觉自己选的礼物很难合异性的心意。短视频运营者可以针对这一点，将产品变为适合送给女性的礼物。

例如，短视频运营者可以在短视频文案中用"送给女朋友的第xx个礼物""给女朋友送礼物"之类的话术，表示短视频中的产品适合作为礼物送给女性，如图5-27所示。这样一来，短视频中的产品就很好地满足了男性送礼物的需求。

图5-27 通过话术将产品变成送给女性的礼物

052 女性用户引流

既然有针对男性用户的引流话术,那对应地也就有针对女性用户的引流话术。其实,针对女性用户的引流话术,与针对男性用户的引流话术有着很大的相似之处,只是话术中的主体发生了变化。具体来说,针对女性用户的引流话术可以从如下两个方面来着手。

1. 强调对女性的重要性

短视频运营者可以在文案中用"女生/女士/女神/小仙女出门必备的……""女生/女士/女神/小仙女一定要有的……"的句式,强调产品对于女性用户的重要性,如图 5-28 所示。

图 5-28 话术对女性用户的重要性

当看到这一类话术句式时,女性用户就会觉得短视频中的产品对于自己来说是比较重要的。而且会觉得这些产品既然是别的女性都有的,那么自己也应该拥有。所以,这便能很好地吸引女性用户关注短视频内容,甚至可以直接引导女性用户购买短视频中的产品。

2. 变成送给男性的礼物

无论是男性，还是女性，收到自己喜欢的礼物时，都会由衷地感受到快乐。只是有时候男性在表达情绪时可能会比较含蓄一些，男性在收到礼物时虽然开心，但可能不会像女性那样满脸洋溢着笑容。可即便如此，男性对在意的人送给自己的礼物还是非常喜欢的。

那么女性该如何给男性送礼物？送什么样的礼物男性会喜欢呢？短视频运营者可以针对这些问题，在短视频文案中制定对应的话术，将短视频中的产品变成适合送给男性的礼物。

例如，短视频运营者可以在短视频文案中用"适合送给男朋友的礼物""送男生的礼物指南"之类的话术，表示短视频中的产品适合作为礼物送给男性，如图 5-29 所示。

图 5-29 通过话术将产品变成送给男性的礼物

053 鞋子服饰引流

鞋子和服饰是每个人都需要的产品，市场对这一类产品的需求量很大，同时从事鞋子服饰这一类产品销售的人员也比较多。此时,短视频运营者要想让短视频快速获得用户的关注,将产品迅速推广并销售出去,就需要借助引流话术来增强产品对用户的吸引力。

总体来说,运营者在短视频文案中可以从两个角度制定引流话术,以增强用户对产品的好感,具体如下所述。

1. 穿搭角度

鞋子和服装是特别讲究搭配的一类产品,有时候相同的鞋子和服装,如果搭配不同,最终展现的效果也会呈现很大的不同。而且,用户也希望那些擅长做搭配的专业人士能给自己一些指导。

因此,短视频运营者在制作短视频文案时,便可以从搭配的角度来教用户怎么搭配鞋子和服装,展示鞋子和服饰的搭配效果,让用户看到鞋子和服饰的展示效果之后,觉得该穿搭技巧值得一学。

例如,短视频运营者可以在文案中用"穿搭必备""穿搭技能""穿搭常用的……"等话术来展示穿搭技巧,并在短视频中将需要销售的鞋子和服装展示给短视频用户,如图5-30所示。

图5-30 从穿搭角度制定话术

2. 对象角度

鞋子和服装都有特定的使用人群,短视频运营者在制作短视频文案时,可以直接指出使用的人群,并说明对这部分人群使用之后能够获得的效果。

例如,可以将"微胖女生"和"显瘦穿搭"两组词放在一起;将"腿粗女生"和"显瘦又高挑"两个短语放在一起,如图 5-31 所示。

许多对自己某个方面不太满意的用户,都希望能将自己的不足进行弥补,或者说弥补不了,也至少会希望别人看不到。而通过将目标人群和穿搭效果结合起来制定的话术,则可以让目标人群看到短视频中鞋子和服装穿搭效果之后,对运营者推广的产品动心。这样一来,爱美的人士自然更愿意购买短视频中的产品了。

图 5-31 从对象和获得的效果的角度制定话术

054 减肥产品引流

减肥是许多爱美人士,特别是爱美女性普遍关注的一个话题。为了能减肥,许多人会进行各种运动,有的人甚至还会节食。但是,运动很难坚持,节食很难受,而且也不一定能快速看到效果。所以,许多人希望通过更加有效的方式减肥,比如使用减肥产品。

那么减肥产品如何进行引流呢?笔者认为可以通过一定的话术重点展示使用

产品之后可以获得的效果。如果是直接减体重的产品,可以将使用前后的体重拿出来对比,如果是重点减掉某个部分的赘肉的产品,可以将使用之后能够达到的效果进行说明,如图5-32所示。

图5-32 减肥产品的引流话术

上图所示的两个案例中,左侧案例的文案重点在于"(体重)从60(kg)减到40(kg)",直接就减掉了20kg。所以,许多用户看到文案之后,就想知道究竟是什么减肥产品能获得这样的效果;右侧案例的文案重点在于使用产品之后能"水桶腰秒变小蛮腰"。而大部分女性又都希望自己能够拥有小蛮腰,她们看到该文案中的话术之后,很容易被打动。

055 美妆产品引流

人,特别是女性,都希望自己美丽动人。但是,许多人都对素颜状态下的自己不是很满意,他们会借助美妆产品让自己变得更好看。因此,各类化妆品的需求量都比较大。在各大短视频平台上涌现出许多通过美妆产品来变现的短视频运营者。那么如何让短视频中的美妆产品更吸引人呢?笔者认为可以通过两种话术来增强美妆产品的诱惑力。

1. 说明使用效果的话术

许多人之所以购买美妆产品，主要是因为使用美妆产品之后能够获得某种效果。短视频运营者在写文案时，便可以将说明使用效果的话术直接展示出来，让用户看到文案之后便能对产品有一个宏观的了解。

如图 5-33 所示，左侧的短视频便是通过使用产品之后能变成"水煮蛋"妹妹来说明美妆产品能有效改善毛孔粗大；右侧的短视频则是用"叠涂十层还不卡粉"来展示粉底液的细腻。

2. 不使用介绍产品的话术

如果在短视频文案中直接介绍美妆产品，许多用户看到之后可能会选择直接略过。针对这一点，短视频运营者可以选择不在短视频的文字说明中直接介绍产品，而选择在短视频的播放过程中对美妆产品进行适当的展示。

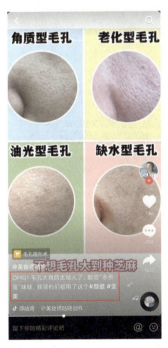 

图 5-33 说明使用效果的话术

这么做的好处就在于，用户看到文案内容之后不会产生抵触心理。而且，如果短视频中使用美妆产品化出来的妆容比较好看，用户也更容易对短视频中的美妆产品动心。

如图 5-34 所示，这两个短视频中便没有直接介绍产品，而只是在短视频中适当地对要销售的美妆产品进行了展示。可即便如此,这两条短视频也快速吸引了大量用户的关注,而且短视频中的相关产品也在短期内获得了大量订单。

图 5-34　文字说明中不使用介绍产品的话术

第 6 章

评论话术
引起大量用户的围观

> 回复评论应该成为短视频运营者日常工作中的一项重点内容。如果短视频运营者积极地做好回复,便可以与用户进行良好的沟通交流,营造短视频评论区的热议氛围。
>
> 此外,评论不只是一种互动形式,还是被动吸粉,获得精准粉丝的一种有效手段。

056 善用流量添彩

在各大短视频平台中,评论引流都是一种比较直接有效的引流方式。只要短视频运营者评论引流做得好,那么就能借助流量为自己的短视频和短视频账号添彩。这一节笔者就重点为大家介绍8种方法。

1. 选择同领域大号

在评论短视频时,选择的评论对象很关键。笔者认为其中一种比较有效的方式就是选择同领域大号的短视频进行评论。以美妆类短视频运营者为例,在选择评论对象时,可以通过搜索"美妆",查看相关的短视频账号,如图6-1所示。

图6-1 搜索"美妆"查看相关短视频账号

通常来说,搜索结果中排在前面的都是一些粉丝量比较多的短视频账号,这一点从图6-1就不难看出。也正是因为这些账号的粉丝比较多,所以其发布的短视频流量通常也比较大。这样一来,短视频的评论自然就会被更多用户看到了,而引流的效果也会更好一些。

在找到了同领域的大号之后,接下来短视频运营者便可以点击对应的账号进入其主页界面的"作品"版块。"作品"版块中会显示该账号发布的全部短视频,并且会显示短视频的点赞量,如图6-2所示。

短视频运营者可以选择短视频进行评论。笔者建议大家选择排在前面的短视频进行评论。因为排在前面的短视频要么是该账号置顶的短视频,要么是该账号最近发布的短视频。但无论是哪种情形,排在前面的短视频都会比排在后面的一般的短视频获得更多的流量。这主要是因为大多数人在看一个账号的短视频时,可能会重点看几条短视频，而排在前面的短视频一眼就被看到了，因此被点击查看的可能性会大一些。

如图 6-3 所示，为"作品"版块下第一个短视频的播放界面，可以看到这个短视频虽然仅仅发布了 6 天，但是点赞数却超过了 11W，由此不难看出该短视频的流量之大。如果短视频运营者对该短视频发表精彩的评论，便可以吸引许多用户的关注。而且，因为这些用户都对美妆类内容感兴趣，所以对于短视频运营者来说，这些被吸引过去的用户都是精准用户。

图 6-2　某账号主页的"作品"版块　　　图 6-3　"作品"版块的第一个短视频

2. 选择赞多的视频

通常来说，在评论内容相同的前提下，接收到评论内容的用户越多，评论内容吸引到的流量就会越多。因此，在选择评论对象的时候，短视频运营者应尽可能选择流量多的短视频。

那么，如何选择有流量的短视频呢？笔者认为比较直接有效的方法有两种，一种方法是选择同领域大号中点赞量比较高的短视频。这种方法笔者在前面已经进行了具体的说明，这里就不再赘述了；另一种方法是通过搜索视频，选择点赞多的视频进行评论。

通过搜索视频选择点赞多的短视频，就是通过关键词搜索短视频，然后从搜索结果中选择点赞数量较多的短视频。例如，在抖音短视频平台中，搜索与"美妆"相关的短视频，便可以看到搜索结果界面，且界面中会显示每个短视频的点赞数,如图 6-4 所示。

通常来说,在从搜索结果中选择评论的短视频时,可以优先选择排在搜索结果前面的短视频。这主要是因为排在搜索结果前面的短视频,点赞量通常都比较多,而且其发布时间也相对较短,所以这种短视频比一般的短视频更容易获得用户的关注。

如图 6-5 所示,为在短视频平台中搜索"美妆"显示的第一个短视频,可以看到这个短视频是在两个多月前发布的,其点赞量已超过了 118 万。毫无疑问,这条短视频吸引的流量是十分巨大的,在这条短视频中进行评论,能够吸引到的流量可能也是比较可观的。

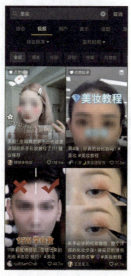
图 6-4 搜索与"美妆"相关的短视频

图 6-5 搜索"美妆"显示的第一个短视频

3. 第一时间去评论

许多事情都是讲求时效性的,其实评论也是如此。如果当他人的短视频内容发布出来之后,第一时间就进行评论,那么就会有更多查看该短视频评论的用户看到你的评论。因此,通常来说,越早评论短视频,评论的引流效果就越好。

对于大多数短视频运营者来说,要在某一条短视频刚发布出来就进行评论可能是不太现实的,但是短视频运营者还是可以通过一定的方式,选择最近发布的短视频进行评论。

例如,在抖音平台,短视频运营者可以关注一些同领域的,或者是感兴趣的账号。关注之后,在抖音的关注界面便可以看到已关注账号最近发布的短视频(滑动手机界面可切换短视频内容),而且在账号名称后面还会显示该短视频发布的时间，如图6-6所示。

短视频运营者可以根据短视频已发布的时间来选择评论的短视频。通常来说，可以优先选择发布时间比较短的短视频，比如发布时间还不到1天，而点赞已过万的短视频；也可以选择发布了几天，而点赞过万的短视频。

图6-6 "关注"抖音界面的短视频

如果一条短视频已经发布了一个月，甚至发布了几个月了，但是点赞量却只有几百或几千，那么就说明该短视频能获得的流量比较有限，而且已经过去一段时间了，短视频平台对该短视频的推送力度也会有所减弱。这样的短视频，笔者就不建议大家花太多心力去进行评论。

4. 评论内容见解独到

通常来说，越热门的短视频内容，评论的数量就会越多，而你的评论要想从中脱颖而出也会更难。此时，如果你的评论内容和别人的评论内容相差无几，那么你的评论很可能会被许多人直接忽略。

因此，短视频运营者在进行评论时，还需要在内容上下一些功夫，如果你的评论内容见解独到，那么自然就会快速吸引许多用户的关注，而评论获得的引流效果也会更好。

比如，某短视频展示了将物体从造型奇特的回形针中取出来的过程，并配文字说："这个怎么取出来的，你看懂了吗？"看完这个短视频之后，一个用户从自己小孩的破坏力的角度进行了评论，并表示孩子要把这个物体取出来很容易。

看到这个评论之后,许多用户在会心一笑的同时,也因其独到的见解而进行了点赞。在这种情况下,这条评论自然能为短视频账号起到不错的引流作用。

5. 放上诱饵引导私信

每个短视频运营者进行评论引流的目的都不尽相同,有的可能只是为了给短视频账号或者自己的短视频引流,有的可能是为了让用户关注或者私信自己。短视频运营者需要根据自身的目的选择相对合适的评论引流方式。

如果是想引导用户私信你,那么可以在评论内容中放入一些"诱饵",获得的效果会要明显得多。所谓"诱饵",最简单的理解就是用户看到之后想要获得的东西,比如赠送小礼品和进行抽奖活动等。

如图 6-7 所示,为某短视频的评论界面,可以看到该短视频的作者便是通过送电子书这个"诱饵"来引导用户私信的。

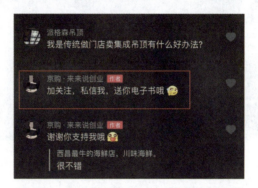

图 6-7 通过送电子书引导短视频用户私信

对于一些短视频运营者来说,可能没有条件给出具体的诱饵,此时可以让有某方面需求的用户私信自己。在这种情况下,用户对某方面的需求,自然也就成为一种"诱饵"。

6. 多账号评论广撒网

如果短视频运营者拥有多个短视频账号,那么可以充分利用这些账号进行评论,通过广撒网的方式,提高评论内容的整体传播面,从而让更多用户看到短视频内容的同时,增强评论的整体引流效果。

总而言之,通过多个账号采用广撒网的方式来增强引流效果,这种做法不仅会增强整体的引流效果,而且因为是在给同一条短视频中进行评论,所以也可以起到优化短视频数据、提高短视频热度的作用。

7. 借助小号评论引流

有的短视频运营者想要开辟新的营销领域拓展自己的短视频业务,从而注册了小号；有的短视频运营者为了给大号引流，也注册了小号。笔者认为，无论是出于何种目的注册小号，只要小号注册成功了，就应该好好利用。

对于想要做另一个领域的内容，而注册小号的短视频运营者来说，大号已经积累了一定的粉丝，大号发布的短视频内容通常会获得较为可观的流量。在这种情况下，用小号评论大号发布的短视频内容，不仅可以告诉粉丝你注册了小号，而且能将大号的粉丝吸引过去，帮助小号快速积累粉丝。

而对于为了给大号引流而注册小号的短视频运营者来说，小号的粉丝量可能不是很多，但是通过小号的评论，却能让大号获得一定的流量，而且用小号评论大号发布的短视频内容，还能从一定程度上增加大号短视频的热度，让大号的短视频获得更多流量。

如图6-8所示，为某短视频的评价界面，可以看到该短视频的作者名为"金刚姐"（抖音粉丝超过290万），而评价短视频的用户中则有一个名为"天津金刚姐"（抖音粉丝20多万）。

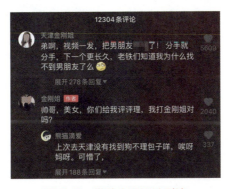

图6-8　借助小号评论引流

这两个抖音号的运营者其实是同一个人，这很显然是借助小号评论来引流。这个小号的评论内容的点赞量比大号的点赞量还多，由此便不难看出，小号的这条评论在引流方面（无论是为大号引流，还是为小号引流）是比较成功的。

▶ 8. 与粉丝的评论互动

短视频运营者与粉丝进行评论互动是提高短视频热度、增强粉丝黏性的一种有效手段。虽然粉丝评论短视频时不会要求短视频运营者回复评论，但如果一个短视频的评论量有很多，而在评论区却看不到短视频运营者的身影，粉丝可能就会觉得该短视频运营者对粉丝的反馈不够重视。这种情况下，很可能会出现粉丝快速流失的现象。

如图6-9所示，为某视频的评论界面，可以看到该短视频的评论超过了1500条，但是短视频运营者却连一条回复也没有。可以说，这位短视频运营者在与粉丝互动方面就做得不够好。

如果短视频账号的粉丝量比较多，或者短视频的评论量比较多，可以选择其中比较具有代表性的评论进行回复。如果短视频运营者连回复的时间也没有，还可以对精彩的评论进行点赞，要让粉丝明白你看了他们的评论。

另外，如果短视频运营者对短视频进行点赞，那么，评论的下方会显示"作者赞过"。而其他用户看到评论区出现"作者赞过"的字样之后，就会明白短视频运营者看了评论区的内容。

如图 6-10 所示，为某短视频的评论界面，可以看到该短视频的作者虽然没有直接用文字回复评论，但也通过点赞评论，与粉丝进行了互动。

图 6-9　没有回复粉丝的评论

图 6-10　通过点赞评论互动

如图 6-11 所示，为某短视频的评论界面，可以看到该短视频的作者便对许多条评论进行了回复。

图 6-11　对许多条评论进行了回复

057 撰写"神评论"

大部分短视频用户都会习惯性地查看短视频的评论,这主要是因为有时候评论比短视频内容更有趣。在这种情况下,如果短视频运营者写出了有意思的"神评论",就能快速吸引大量用户的目光,为自己的短视频账号及短视频带来可观的流量。

1. 利用热点吸引用户眼球

热点之所以能成为热点,主要就是因为它本身就具有一定的热度。因此,短视频运营者如果围绕热点进行评论,就能快速吸引大量短视频用户的眼球。

在《新三国》电视剧中,刘皇叔把碗摔了,说:"放肆!你在教训我吗?我打了一辈子的仗就不能享受享受吗?"如图6-12所示。

在电影《一出好戏》中,饰演刘皇叔的演员在该电影中饰演张总,张总一边抽着雪茄,一边跟着音乐摇摆,如图6-13所示。这两段剧情被网友剪辑起来,加上蹦迪时常用的音乐,就变成了"刘皇叔蹦迪"短视频,一时成为热搜,为大家所津津乐道。

图6-12 《新三国》电视剧片段

图6-13 《一出好戏》电影片段

如图6-14所示,为某个关于"刘皇叔蹦迪"的短视频评价界面,可以看到其中大部分评论都是围绕"刘皇叔蹦迪"这个热点展开的,如"主公所言极是""先帝创业未半，蹦迪花光预算""先帝创业未半，蹦迪把腰弄断""刘皇叔抽着雪茄的片段是什么"等，吸引了许多用户的眼球。

图 6-14 "刘皇叔蹦迪"短视频下的评论

2. 解决痛点满足用户需求

短视频运营者在对短视频进行评论时，可以先找到用户的痛点，通过满足用户某方面的需求来吸引用户的关注。这一点对于自我评论和引导用户购买商品，尤其重要。

如图 6-15 所示，第一个短视频运营者通过解决用户手机膜容易摔坏和沾指纹的痛点而吸引用户，第二个则是通过给生活制造小惊喜来解决用户无聊的痛点。

虽然这是从痛点出发进行的评论，但也满足了用户对于衣服搭配看起来显高的需求。所以，部分用户在看到该评论之后进行点赞。可以想象如果用户对于衣服搭配看起来显高有需求，在看到该评论之后，对短视频中的服饰的需求会有所提高。在这种情况下，短视频中服饰的销量也就更有保障了。

3. 利用痒点提高评论意愿

可能部分短视频运营者看到标题之后，对于"痒点"会有一些疑惑。究竟什么是"痒点"呢？"痒点"简单的理解就是让人看后觉得心里痒痒，忍不住想要在视频下方进行评论。

有"痒点"的评论，不仅可以快速吸引用户的关注，让评论的内容被更多用户看到，而且还可以通过回复用户评论，提高用户的参与度和短视频的热度。

第 6 章 评论话术 引起大量用户的围观

图 6-15 从痛点出发进行评论

如图 6-16 所示，为某短视频的评论界面，该短视频的大多数评论就是在搞笑之余，提供了"痒点"，让人看到之后忍不住想要回复。

图 6-16 有"痒点"的短视频

4. 搞笑展示语言风趣幽默

纵观短视频上的评论，许多被称为"神评论"的评论都带有搞笑的成分，或者说它能够戳中大部分用户的笑点，又或者它能够真实地反映出用户常遇到的问

127

题（一般来说，这种神评论下都会有用户回复"真实"二字）。这主要是因为幽默风趣的语言可以给人带来快乐，而快乐又是没有人会拒绝的。所以，当看到非常搞笑的评论时，大多数短视频用户都会主动点赞。而随着点赞数量的快速增加，一条看似普通的评论也就成了"神评论"。

5. 利用能力展示自身才气

一条短视频评论要想快速吸引用户的目光，就必须带有一定的亮点。这个亮点包含的范围很广，既可以是迎合热点，击中痛点，提供痒点，也可以幽默风趣，还可以充满了才气。

所谓的"才气"，就是让人看完之后，觉得你的短视频评论是有一定文化底蕴在里面的。在短视频评论中显示才气的方法有很多，既可以引经据典地进行论述，也可以直接通过诗文展示自身的才华。

如图6-17所示，为某短视频的评论界面，可以看到第一条评论就是一首七言绝句。虽然这首诗看上去带有打油诗的意味，但是也具有一定的韵律。许多用户看到该评论之后，都会觉得写评论的人很有才气，并因此为其评论进行点赞。

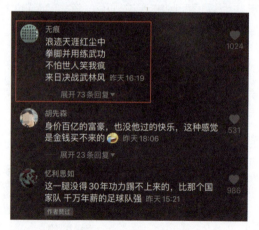

图6-17 有"才气"的短视频评论

058 体现视频价值

短视频的评论量能够从一定程度上体现出短视频的价值，通常来说，评论量越多的短视频，获得的流量就越多，其流量价值也就越高。

如图6-18所示，分别为评论数较多和评论数较少的两个短视频评论界面。我们可以看到，这两个短视频评论量的差距是很明显的。也正是因为评论量的差距很明显,大家一看就知道评论数多的这个短视频获得的流量要多。

图6-18 评论数多的短视频(左)评论数少的短视频(右)

另外,用户在刷短视频时,也可以直接看到短视频的评论数量。如图6-19所示,为抖音与快手的短视频播放界面,可以看到在两者的播放界面中便直接显示了评论的数量。

图6-19 抖音与快手的短视频播放界面

也正是因为短视频评论量能够体现出短视频的流量价值,所以许多用户在看到短视频的评论量比较少时,可能会觉得短视频的质量一般,并因此直接选择略过;而品牌主在找短视频运营者合作时,如果看到短视频运营者的短视频评论量太少,则会因为短视频运营者的影响力有限而选择放弃合作。

因此,短视频运营者一定要积极运营好短视频评论区,通过各种手段提高短视频的评论量,让用户和品牌主更好地看到账号价值。

▶ 059 完善视频内容

一条短视频长则几分钟、十几分钟,短则几秒钟、十几秒钟。在这有限的时间内,能够呈现的内容也是比较有限的,而且有的内容(如网页的链接)也不方便直接用短视频呈现。在这种情况下,短视频运营者便可以借助短视频评论区来辅助完善短视频的相关内容。

如图 6-20 所示,为一则广告营销短视频。这种短视频通常都需要通过链接引导用户前往对应的网站,所以短视频运营者在评论区对主要内容进行了说明,并在文字的后方直接放置了详情链接。用户只需在评论区点击该链接,便可直接前往对应的营销网页。

图 6-20 在评论区对重要信息进行辅助说明

在笔者看来,短视频评论区的运营就是对短视频内容进行二次处理的一种有效手段。通过在短视频评论区的辅助说明,既可以完善内容,让短视频运营者的营销意图得到更好的体现,也可以对短视频中表达有误的地方进行补充说明,及时纠正自身的错误。

▶ 060 挖掘全新选题

如果要问在短视频账号的运营的过程中,什么问题最让人伤神?可能一部分短视频运营者的回答是做短视频的选题。确实,短视频的选题非常重要,如果短视频运营者的选题用户不太感兴趣,那么根据选题打造的短视频就无法吸引用户观看,各项数据很可能就上不去。

其实,挖掘短视频新选题的方法有很多,短视频运营者既可以自主进行挖掘,也可以通过用户的反馈进行挖掘。而查看用户对短视频内容的评论,就是通过用户的反馈,挖掘新选题的一种有效方式。

如图 6-21 所示,为某短视频的播放和评论界面。这个短视频的主要内容是展示某个手工品,据说是两千年前鲁班发明的,但是评论区的人谈论的显然不是历史上的鲁班,而是游戏《王者荣耀》里的鲁班。

图 6-21 某短视频的播放界面和评论区

针对这种情况,该短视频运营者便可以通过用户的反馈,在短视频中稍微提及游戏中的鲁班。这样做,不仅可以让许多用户的需求得到满足,而且短视频运营者也可以借此获得一定的收益。

061 进行自我评论

短视频文案中能够呈现的内容相对有限，这就可能导致一种情况的出现，那就是有的内容需要进行一些补充。此时，短视频运营者便可以通过评论区的自我评论来进一步进行表达。

在短视频刚发布时，可能看到短视频内容的用户不是很多，因此短视频下方也不会有太多评论。此时如果进行自我评论，也能从一定程度上起到吸引用户参与评论的作用。

如图6-22所示，短视频运营者在发布短视频之后，主动根据视频内容进行了自我评价，并且在评价中插入了产品的详情链接。用户只需点击该链接，便可进一步了解视频中产品的相关信息。

图6-22 根据视频内容自我评价插入产品信息

062 回复用户评论

除了自我评价补充信息之外，短视频运营者在进行短视频文案运营时，还需要做好一件事情，那就是通过回复评论解答用户的疑问，引导用户兴趣，从而提高产品的销量。

如图 6-23 所示,短视频运营者在短视频发布之后,对评论中用户提出的一些疑问进行了回复,比如让用户明白怎样购买,有哪些人群能够用得上。疑问得到解答之后,用户的购买需求自然会得到一定的提升。

图 6-23　通过回复评论引导用户

063　评论文案要旨

回复用户评论看似是一件再简单不过的事情,实则不然,这主要是因为短视频运营者在进行短视频评论时还有一些需要注意的事项,具体如下所述。

1. 第一时间回复评论

短视频运营者应该尽可能在第一时间回复用户的评论,这主要有两个方面的好处。一是快速回复用户能够让他们感觉到你对他(她)很重视,这样自然能增加用户对你和你的账号的好感;二是回复评论能够从一定程度上增加短视频的热度,让更多用户看到你的短视频。

那么,如何做到第一时间回复评论呢?其中一种比较有效的方法就是在短视频发布的一段时间内,及时查看短视频用户的评论。一旦发现有新的评论,便在第一时间回复。

2. 不要重复回复评论

对于相似的问题，或者同一个问题，短视频运营者最好不要重复回复，这主要有两个原因。一是很多短视频运营者的回复或多或少会有一些营销的痕迹，如果重复回复，那么整个评价界面便会看到很多有广告痕迹的内容，而这些内容往往会让用户产生反感心理。二是点赞相对较高的问题会排到评论区靠前的位置，短视频运营者只需对点赞较高的问题进行回复，其他有相似问题的用户自然就能看到。此外，这还能减少评论的回复工作量，节省大量的时间。

其实，短视频运营者还可以通过一定的技巧，减少重复的评论。比如，可以通过自我评论统一回答用户关心的问题，如图 6-24 所示。这样一来，短视频运营者看到评论之后，相关问题就能得到答案了。

图 6-24　通过回复评论引导用户

3. 注意规避敏感词汇

对于一些敏感的问题和敏感的词汇，短视频运营者在回复评论时一定要尽可能规避。当然，如果避无可避那也可以采取迂回战术，如不对敏感问题做出正面的回答，或者用一些其他意思相近的词汇、谐音代替敏感词汇。

064　维护好评论区

维护好活跃的短视频评论区主要可以起到两个方面的作用，一是增加与用户的沟通，做好用户的维护，从而更好地吸引用户关注账号；二是随着评论数量的增加，短视频的热度也将随之而增加。这样一来，短视频将获得更多流量，而短视频的营销效果也会更好，下面笔者就为大家介绍 5 种方法。

第 6 章 评论话术 引起大量用户的围观

1. 短视频的内容能够引起用户讨论

许多用户之所以会对短视频进行评论，主要就是因为他（她）对于短视频中的相关内容有话要说。针对这一点，短视频运营者可以在打造短视频时，尽可能选择一些能够引发用户讨论的内容。这样做出来的短视频自然会有用户感兴趣的点，从而他们参与评论的积极性也会要更高一些。

如图 6-25 所示，为某短视频的播放和评论界面。该短视频中展示的就是一位因为爱到深处而变得偏执和疯狂的女性，短视频运营者在短视频标题中问道："这样偏执的爱，你能接受吗？"

图 6-25　通过短视频内容引起用户讨论

爱情自古以来就是一个能够引起广泛关注的话题，每个人都有自己的爱情观，同时，每个人都希望收获到自己梦想中的爱情。但是，现实与梦想之间却存在着一些差距，现实中的很多爱情并非那么美好。比如，有的人的爱情太过偏执，控制欲太强，甚至爱得太过疯狂。因此，短视频运营者可以据此打造短视频内容。

因为每个用户对于爱情都有自己的看法，再加上看完短视频之后，心中郁结着一些感触。因此，用户纷纷发表评论来表达看法，使该短视频快速获得了超过3000 条评论。

2. 设置互动话题引导用户主动评论

在短视频平台中，有一部分人在刷短视频时会觉得打字有些麻烦。除非是看到自己感兴趣的话题，否则他们可能没有心情，也没有时间对短视频进行评论。

为了更有效地吸引这部分用户积极主动地进行评论,短视频运营者可以在短视频中设置一些用户都比较感兴趣的互动话题。

如图 6-26 所示,短视频运营者以日常生活中不经意间经历的一些疼痛(如脚趾不小心踢到了坚硬的物体和玩手机被砸脸等)往事为话题打造短视频。因为这种不经意的痛大多数人在日常生活中都经历过,甚至短视频中展示的不经意间的痛,用户基本都深有体会。

图 6-26 通过设置话题引导用户主动评论

许多用户在看到这个话题之后,主动在评论区发表自己的意见,因而这两个短视频引发了广泛的讨论,评论量极高。由此便不难看出设置互动话题对于引导用户主动评论的效果了。

其实每个人都是有表达需求的,只是许多人认为如果话题自己不感兴趣,或者话题对于自己来说意义不大,那么就没有必要花时间和精力去表达自己的意见了。因此,短视频运营者如果要想让用户积极地进行表达,就需要设置话题激发用户的表达兴趣。

3. 短视频内容门槛低且能引发共鸣

做内容运营的运营者必须懂得一个道理,那就是每种内容能够吸引到的用户是不同的。同样是歌曲,那些阳春白雪的歌曲能够听懂的人很少,注定会曲高和寡;而那些下里巴人的歌曲,因为通俗而反而能获得更多人的应和。

其实，设计短视频内容也是同样的道理。如果短视频运营者选择专业的、市场关注度不高的内容，那么制作出来的短视频，有兴趣看的人都很少，而对短视频进行评论的人就更少了。相反地，如果短视频运营者选择用户普遍关注的，并且是参与门槛低的内容，那么那些有共鸣的用户，自然而然地就会对短视频进行评论。

因此，短视频运营者如果想让自己的短视频获得更多的评论，可以从内容的选择上下手，重点选择一些参与门槛低的内容，通过引发用户的共鸣，保障短视频的评论量。

如图6-27所示，为某短视频的播放界面和评论区。在该短视频中，短视频运营者对自己的减肥经历进行了分享和展示。因为减肥是大多数人普遍关注的一个话题，而且许多用户也有减肥的计划，或者正在减肥。因此，该短视频发布之后，很快就引发了许多用户的共鸣，其评论量也在短期内实现了快速增长。

图6-27　通过参与门槛低的内容引发共鸣

4. 通过提问方式吸引用户回答问题

相比于陈述句，疑问句通常更容易获得回应。这主要是因为陈述句只是一种陈述，其中并没有设计参与环节。而疑问句则是把问题抛给了受众，这实际上是提醒受众参与互动。因此，在短视频文案中通过提问的方式进行表达，可以吸引更多用户回答问题，从而直接提高评论的参与度和评论区的活跃度。

如图6-28所示，该短视频就是一个通过提问吸引用户回答问题来提高评论区活跃度的典型案例。在该短视频中，短视频运营者对人物借钱前后的态度转变进行了展示。借钱时，短视频中的人物喜笑颜开，并拱手感谢；而借钱之后，向他要钱时，短视频中的人物则一脸怒容。与此同时，短视频运营者还借助短视频标题问道："话说现在有多少人是这样借钱的？"

图 6-28　展示借钱前后的不同表现

对于许多用户来说，借钱是一个非常敏感的话题，当朋友向其借钱时，他们如果不借，可能会破坏彼此的感情；如果借了，对方又没有按时还，那么催促对方还钱又是一件麻烦事。这种问题一旦处理不好，就会给双方造成矛盾。

再加上他们在借钱给他人的过程中，闹过一些不愉快。所以，当短视频运营者就这个话题提问时，许多短视频运营者纷纷进行评论，表达自己的观点或态度。在短视频发布后的一段时间内，该短视频的评论区一直都保持着一定的热度。

5. 采用场景化的回复吸引用户的目光

场景化的回复，简单的理解就是结合具体场景进行回复，或者能够通过回复内容想到具体场景的回复。例如，在通过回复向用户介绍某种电饭煲时，如果把该厨具在什么环境下使用、使用的具体步骤和使用后的效果等内容进行说明，那么回复内容便变得场景化了。

相比于一般的回复，场景化的评论可以在用户心中构建起一个具体的场景，当用户看到回复时，他们更能清楚地把握产品的具体使用效果。而大多数用户对于产品在具体场景中的使用又是比较在意的，因此场景化的回复往往更能吸引用户的目光，并能迅速获得他们的关注。

065 回复评论要旨

在短视频评论区运营的过程中，回复用户的评论很重要。如果回复得好，那么回复的内容可能会为短视频带来更多流量；如果回复得不好，那么回复的内容很可能会为账号带来一些黑粉。笔者认为，短视频运营者一定要了解回复评论的注意事项，并据此进行短视频评论区的运营。

1. 积极回复，获取好感

当用户对短视频进行评论时，短视频运营者一定要积极回复。这不仅是态度问题，还是获取用户好感的一种有效手段。那么，怎样积极回复用户评论呢？笔者认为，短视频运营者可以重点做好两个方面的工作。

一是用户进行评论之后，尽可能快速进行回复，让用户觉得你一直在关注短视频评论区的动态。如图6-29所示，为某短视频的评论区，可以看到短视频运营者便是在用户评论完之后的几分钟、十几分钟内迅速回复。

图6-29 尽快回复评论

二是尽可能多地回复用户的评论，最好是能对每条评论都进行回复。这可以让被评论的用户感受到你对他（她）的重视，短视频运营者回复的评论越多，获得的粉丝就会越多。

如图 6-30 所示，为某短视频的评论区，可以看到，该短视频的运营者便是尽可能地在对每条评论都进行回复。该短视频运营者的回复内容比较简单，重复度不高，笔者认为这种回复收到的效果会比不对评论进行回复的效果要好得多。

图 6-30　尽可能对每条评论都进行回复

2. 认真回应，用户观点

在对短视频评论进行回复时，既要注意"量（回复的数量）"，也要注意"质（回复的质量）"。在笔者看来，高质量的回复应该建立在认真回复用户观点的基础之上。如果短视频运营者的回复与用户的评论风马牛不相及，用户就会觉得运营者的评论回复只是在敷衍他（她）。因此，对于这种没有质量的回复，大部分用户通常是不会买账的。

其实，要保证回复内容的质量也很简单。其中一种比较有效的方法就是针对用户评论中的重点内容进行评论。

短视频运营者可以抓住用户评论中的重点字眼进行分析，回复内容也可以围绕重点字眼展开，让用户视线聚焦在这些重点字眼上。如图 6-31 所示，为某抖音平台短视频的评论界面，该短视频运营者就是抓住"反派""年龄""记忆重叠"等字眼来进行回复的。这种回复能够很好地保障回复内容与用户关注重点的一致性。因此，短视频的回复质量总体来说都是比较高的。

图 6-31　认真回复用户的观点

3. 寻找话题，继续讨论

用户对于自己感兴趣的话题，更有表达观点的意愿。但是，有时候短视频传达的话题用户可能并不是太感兴趣。此时，短视频运营者便可以通过评论区来寻找话题，让更多用户参与到话题中，从而让用户的评论能够继续下去。

在评论区寻找话题的方法有两种，一种是短视频运营者主动创造话题。如图 6-32 所示，这两个短视频运营者都是自己主动为用户创造新话题。

图 6-32　主动创造新话题

另一种方法是通过用户的评论来挖掘新话题。当用户对某个话题普遍比较感兴趣时，短视频运营者便可以将该话题拿出来，或者将包含该话题的评论置顶，让所有用户对该话题进行讨论。

4. 语言风趣，吸引点赞

语言的表达是有技巧的，有时候明明是同样的意思，但是，因为表达方式的不同，最终获得的效果也会产生很大的差距。通常来说，风趣的语言表达会比那些毫无趣味的表达更能吸引用户的目光，也更能获得用户的点赞。

因此，在回复用户的评论时，短视频运营者可以尽量让自己的表达更加风趣一些，通过风趣的表达来获得用户的点赞。

如图 6-33 所示，为某短视频的评论界面，可以看到该短视频运营者的回复在语言的表达上就比较风趣。也正是因为如此，用户看到短视频运营者的回复之后纷纷用点赞来表明自己的态度。

图 6-33　用风趣的语言吸引点赞

5. 提出问题，活跃气氛

笔者在讲解维护好活跃的评论区时曾提到，可以在短视频文案中以提问的方式来吸引用户回答问题，从而增强用户的评论意愿。其实，提问增强用户的评论意愿这一点不仅可以用于短视频文案，它在评论区文案的编写中同样也是适用的。

而且相较于在短视频文案中提问，在评论区提问有时候获得的效果还要更好一些。这主要是因为用户如果需要查看评论，或对短视频进行评论，就需要进入短视频的评论区。

而短视频运营者的评论和回复内容又带有"作者"的标志，所以用户一眼就能看到短视频运营者的重要评论和回复内容。因此，短视频运营者如果在短视频评论区提问，那么提问内容会被大部分，甚至所有看评论的用户看到。在这种情况下，如果有用户对提问的内容感兴趣，就会积极回答。这样一来，短视频评论区的活跃度便得到了提高，而评论区的气氛也会变得更加活跃。

如图6-34所示，为某短视频的评论界面，可以看到该短视频运营者便是通过提问的方式来吸引用户回答问题，从而活跃评论区气氛的。

图6-34　通过提出问题活跃气氛

6. 重视细节，转化粉丝

俗话说得好："细节决定成败！"如果在短视频账号的运营过程中对细节不够重视，那么用户就会觉得短视频运营者在账号运营的过程中，显得有些敷衍。在这种情况下，短视频账号的粉丝很可能会快速流失；相反，如果短视频运营者对细节足够重视，用户就会觉得你是在用心运营。而用户在感受到你的用心之后，也就更愿意成为你的粉丝。

如图6-35所示，为某短视频的评论界面。这是一条有关产品营销短视频，从评论区可知，许多用户直接评论说自己已经购买了产品。看到这些用户的评论之后，短视频运营者也对用户用赞同的方式进行了回复。看到这种暖心的回复之后，用户就会感受到短视频运营者的善意，并因此选择关注短视频运营者的账号，这样便实现了粉丝的转化。

图 6-35　通过表示感谢转化粉丝

除了表示感谢之外，通过细节认真回复用户的评论，让用户看到你在用心运营，也是一种转化粉丝的有效手段。

如图 6-36 所示，该短视频运营者在回复评论时，从一些细节上回复用户的评论，不仅让用户的疑惑得到了解答，还显示了自身的专业性。因此，许多用户看到该短视频运营者的回复之后，会直接选择关注该短视频运营者的账号。

7. 面对吐槽，切勿互喷

在现实生活中有一些喜欢抬杠的人，而在网络上许多人因为披上了马甲，所以直接变身为"畅所欲言"的键盘侠。对于这些喜欢吐槽，甚至是语言中带有恶意的人，短视频运营者一定要有良好的心态。千万不能因为这些人的不善而与其互喷，否则，许多用户可能会成为你的黑粉。

其实，在面对短视频用户带有恶意的评论时，不与其互喷，而是以良好的心态进行处理，也是一种有素质的表现。这种素质有时候也能让你成功获取用户的关注。那么，在面对用户的吐槽时，该如何面对呢？在这里，笔者就给大家提供两种可行的方案。

一种方案是用幽默的回复面对吐槽，在回复用户评论的同时，让用户感受到你的幽默感。如图 6-37 所示，为某一短视频的评论区，因为短视频运营者很少回复过该用户，该用户使出了激将法："慕楠（指该短视频的运营者）不翻人了，爷的青春结束得好快。"因此，该运营者直接回复："你的青春好短。"用一语双关的方式巧妙避免了尴尬，许多原本带有恶意的用户，在看到其回复之后，也不禁生出了一些好感。而在另一个短视频评论区，许多用户指责短视频运营者所谓的特效只是视频倒放，于是该短视频用反讽的方式进行了回复。

图 6-36　通过认真回复转化粉丝

图 6-37　用幽默的回复应对吐槽

另一种方案是对于恶意的吐槽，直接选择不回复，避免造成语言上的冲突。如图6-38所示，为某短视频的评论界面，可以看到其中部分用户的评论是带有恶意的，而该短视频的运营者在看到这些评论之后，就直接选择了不回复。

图6-38 对于恶意吐槽选择不回复

当然，在实际操作时，短视频运营者也可以将这两种方案结合使用。比如，当吐槽比较多时，可以用幽默的语言回复排在前面的几条评论。而那些排在后面的吐槽，直接选择不回复就好了。

➤ 8. 做好检查，减少错误

如图6-39所示，为某平台短视频的评论区，我们可以看到，这两个短视频的运营者在回复评论时，将"活动"写成了"活冻"，将"赌"写成了"堵"，这是明显的手误，但是短视频还是应该避免这种错误，提升评论文案质量。

短视频运营者在回复用户的评论时，要做好回复内容的检查工作，尽可能减少回复内容的错误。这一点很重要，因为如果短视频运营者在回复中出现了错误，短视频用户就会觉得短视频运营者在回复评论时不够用心。

那么如何做好回复内容的检查呢？笔者认为，短视频运营者在检查回复内容时，需要重点检查两项内容，一是文字检查，二是排版检查。

如图6-40所示，为某短视频的评论区。该短视频运营者的回复内容出现了不应该有的空行。所以，这一条评论在排版上做得是不够好的。

第 6 章

评论话术
引起大量用户的围观

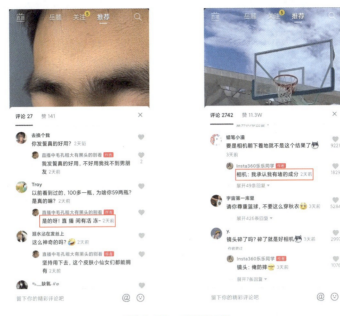

图 6-39 文字错误

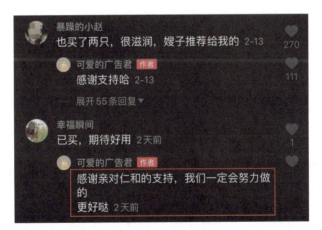

图 6-40 排版有问题

第 7 章

直播策划
挖掘团队最大的价值

直播是短视频平台又一重要内容，也就是说要想在短视频平台上赚到钱，把握好直播的相关内容至关重要。

而要想把握好直播的内容，入门直播，你先得把握好一些关键内容，比如本章中笔者将要说到的直播渠道、直播形式、直播内容、直播文案等。

066 直播主要形式

在这个直播盛行的时代，想在直播市场中分得一杯羹的人很多，但想要取得成功并不简单，主播首先要生产传播内容，然后要有一定的粉丝支持，而且前者是后者的基础。

同时，直播内容还必须具有清晰的价值观，在内容上要贴近年轻人的追求，符合他们的价值观，这样才能引起共鸣，得到他们的关注，进而获得他们的打赏，或者引导他们购买产品。

整体来看直播领域的一些作品会发现，直播的内容有以下 4 种风格：美颜装扮、才艺搞笑、游戏电竞、文化乐活，这 4 种直播内容特征明显，受到诸多网友的喜爱，如图 7-1 所示。

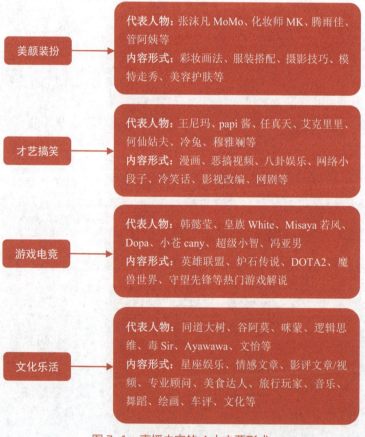

图 7-1 直播内容的 4 大主要形式

067 网络直播形式

除了前面介绍的 4 大主要形式外，网络直播还可以拥有更多特色内容，下面将简单介绍这些内容形式及其内容要点，如图 7-2 所示。

图 7-2　更多特色内容

对于短视频运营者和企业来说，打造直播平台就必须创造出优质的超级内容，所以这需要平台运营者在综合考察市场的基础上，充分了解当前的潮流热点和用户的消费习惯，抓住这些关键点，然后打造一个符合这些关键点的优质内容，直播才能吸引粉丝的追捧并聚焦用户。

068 直播类型分析

直播内容多以才艺、游戏等形式来表现主题,如果想要自己的直播内容在众多的直播中脱颖而出,就必须打造符合用户需求的内容,做好内容运营,用高价值的内容来吸引用户、提高阅读量,带来更多流量和商机。本节将介绍几种典型的直播内容形式,以供大家了解。

1. 游戏

游戏是最先打开视频直播市场的内容形式,从 Twitch.tv 将游戏作为专业内容进行直播开始,游戏直播作为一种全新的内容形态出现,普遍受到广大互联网用户的关注。同时,Twitch.tv 也被亚马逊看中,并以 10 亿美元将其收购,如图 7-3 所示。

图 7-3 Twitch.tv 主页

在所有的互联网产品中,游戏的用户黏性是最强的,游戏直播也很好地继承了这个属性,同时受到了资本界的关注。此时,DOTA2(刀塔 2)、LOL(英雄联盟)等竞技游戏的诞生为游戏直播平台注入了"新鲜的血液"。

同时,国内的相关企业也急速跟紧了步伐,如 ACFUN 与斗鱼的拆分、战旗 TV 的诞生、YY 投资虎牙等,以及后来出现的一些垂直游戏直播平台,如全民 TV、龙珠 TV 等。这些新的游戏直播平台改变了玩家和游戏之间的互动方式,他们不再是自己玩或者组队玩,而是大家一起观看明星名人玩游戏的过程,同时还可以进行互动交流。

当然,游戏虽然黏性高,但并没有终结直播平台的发展,随着智能手机的普及和移动网络技术的提升,以 Meerkat 为代表的移动直播模式成为新趋势。如图 7-4 所示,为 Meerkat 登录界面。

图 7-4　Meerkat App 登录界面

虽然移动端直播鼻祖 Meerkat 在 2017 年已经彻底关闭,但移动端直播却并没有彻底死去。在国内,以抖音、快手为代表的短视频平台开始添加直播功能入口,如今抖音已经成为众多网红带货的首选平台,如图 7-5 所示。

图 7-5　抖音(左)与快手(右)直播界面

例如，张大仙是知名游戏解说，主要专注于游戏《王者荣耀》直播，如图7-6所示为其微博主页，粉丝高达840多万。

对于游戏直播平台来说，内容的玩法和市场的推广是成功的两个要点。在上面的案例中，张大仙的内容玩法便是凭熟练的游戏操作、行云流水般的解说、搞笑的台词功底，赢得了玩家们的喜爱。

图7-6 张大仙的微博主页

同时，主播们通过各大直播平台和微博等社交平台进行内容推广，聚集了一群热爱游戏的粉丝，并以视频直播内容创造商业机会。游戏直播成为直播行业的重要支撑内容之一。

2. 才艺

才艺对于网络主播等内容创业者来说，显得尤为重要，有才艺、高颜值是入行网络主播的主要条件，其中"有才艺"被放在了首位。才艺的范围比较广泛，这里只讨论最具代表性的音乐、舞蹈等才艺类型。

虽然各个直播平台充斥着许许多多的草根主播，但其中也有很多依靠这些直播平台成长和出名的大牌主播和网红，同时名人和明星为直播造势带来的影响力也不容小觑。

如今，直播已经进入了移动时代，"随走随看随播"成为一种新的直播场景，而且在朝着泛娱乐领域发展，而音乐则是"领头羊"。多元化、个性化的直播应用场景，为传统音乐市场带来了更多可能，将来将产生更多的爆款音乐。

比如，B 站是国内首个关注 ACG（ACG 分别指的是 Animation Comics Games，分别对应动画、漫画和游戏）直播的互动平台。B 站直播内容虽然主要以游戏和电竞为主，但是现在逐渐开始覆盖音乐与舞蹈等才艺领域，如图 7-7 所示。

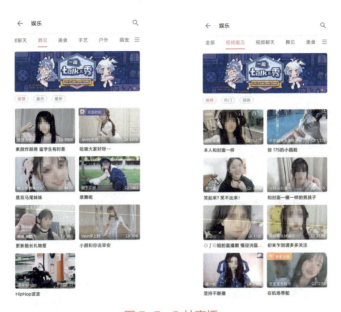

图 7-7　B 站直播

B 站开始积极塑造自身的品牌形象，构建了一整套的直播规则和签约程序，让 UGC 和 PGC 内容得到了快速发展，如图 7-8 所示。

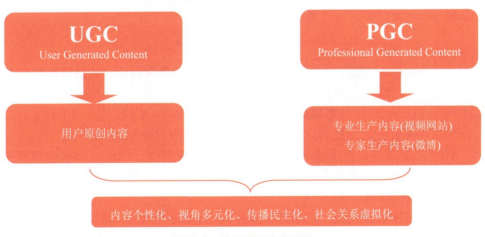

图 7-8　B 站直播内容建构

3. 动漫

在所有直播内容中，动漫虽然显得有些小众，但它却有很强的用户黏性，而且内容的持续性非常强，有的动漫作品甚至可以跨越几十年仍然经久不衰。

国内比较火爆的动漫内容直播平台主要有 A 站和 B 站，下面笔者分别对其进行介绍。

1）A 站：AcFun 弹幕视频网

AcFun 弹幕视频网（Anime Comic Fun，简称 A 站），是国内首家弹幕视频网站，同时也是二次元文化的开拓者，如图 7-9 所示。

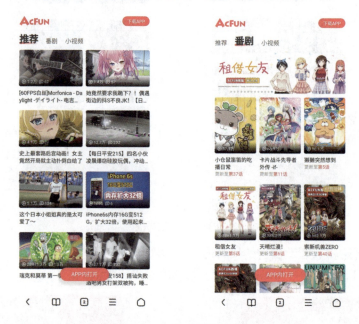

图 7-9　AcFun 弹幕视频网

AcFun 弹幕视频网的主要特色是高质量的互动弹幕内容，并且这些内容都是基于原生内容的二次创作，将其打造成一个完整的内容生态，以此赢得了广大用户的喜爱。AcFun 弹幕视频网的主要用户群体为年轻的 80 后、90 后以及二次元动漫核心用户，这些用户群体也是弹幕这种新型互动方式的推广者。

对于那些喜欢和善于创作二次元内容的创业者来说，AcFun 弹幕视频网就是一个不错的内容分享平台，在此可以找到更垂直的粉丝群体，对于推广动漫内容电商产品来说更有优势。

不过，需要注意的是，创业者在借用二次元动漫元素时，必须根据自身的品牌定位来挖掘相应的内容。

2）B 站：bilibili 哔哩哔哩

bilibili（哔哩哔哩）又称为 B 站，是一个年轻人的潮流文化娱乐社区，如图 7-10 所示。哔哩哔哩的特色也是"弹幕"，即用户在观看视频时可以将实时评论悬浮于视频上方，这种特性使其成为互联网热词的产生地。

"弹幕"为用户带来了独特的观影体验，而且它基于互联网因素可以超越时空限制，从而在不同地点、不同时间观看视频的用户之间形成一种奇妙的"共时性"关系，构成一种虚拟的社群式观影氛围，如图 7-11 所示。

图 7-10　bilibili 哔哩哔哩主页

图 7-11　"弹幕"影响观影氛围

同时，通过 bilibili 哔哩哔哩这种二次元文化平台，动漫内容创作者既可以借助这种高关注度、抢话题的热门"弹幕"内容形式来转化粉丝，又可以使直播获得较强的宣传效果。

▶ 069　直播渠道策划

在运营直播的时候，找准传播渠道也是一个重要的方面。这种传播渠道从某种意义上来说，也是模式。随着直播的不断深入发展，直播已经远远不再是单纯的做秀，而渐渐成为真正的营销方式。因此，想要将产品成功地推销出去，找准传播渠道是一个必不可少的环节。

1. 发布会 + 直播

"发布会 + 直播"这种模式的优势在于多平台同步直播，因为发布会只有多平台同步直播才能吸引更多的用户关注，打个简单的比方，央视的春节联欢晚会如果没有各大卫视的转播，那么其知名度、曝光率就不会那么高。

让产品多渠道展现是向喜欢不同平台的用户提供讨论的专属空间，这样一来，他们也能在自己已经熟悉的互动氛围中进行自由的交流讨论。

例如，小米的手机新品发布会就格外引人注目，其不同于以往只能在小米官网的娱乐直播上观看，而是在各大直播平台都能观看。比如人气超高的虎牙直播、斗鱼直播、抖音等，如图 7-12 所示。

图 7-12　与小米合作的各个平台

小米发布会在各大平台直播所引起的讨论内容也是各不相同，因为直播平台的受众年龄大多分布在十几岁到三十几岁之间，因此各自的观点也有些差异。

这种"发布会 + 直播"的模式之所以能获得令人意想不到的效果，其原因在于三个方面，一是直播之前，发布会官方的媒体就会对此消息进行大力宣传和预热，制造系列悬念吸引用户眼球；二是此种模式比较新颖，将传统的商业发布会与直播结合起来，抓住了用户的好奇心理；三是给用户提供了互动的渠道，对产品的不断改进和完善更加有利。

小米的发布会直播运用多平台同步直播的方式，这值得其他产品借鉴。当然，这也要根据产品的性质而定。但不容置疑的是，小米的发布会直播取得了巨大的成功，此种模式为其带来了更多流量和用户。

2. 做秀 + 直播

"做秀"这个词语，可以分两个层面来解释：一个意思就是单纯地耍宝；还有一个意思就是巧妙地加入表演的成分。

很多主播和商家为了避免做秀的嫌疑,可能会一本正经地直播,这样的直播往往没有什么人看。而有的主播则会利用"做秀+直播"的模式来取得销售佳绩,当然想要打造好这种模式也是需要技巧的。

最重要的是在直播中去除营销味。想要利用"做秀+直播"的模式获得人气,就需要结合产品发挥出自己的特色,同时又不能把重点倾斜于做秀,因此,把握这个"度"是核心。

主播直播时,不能一上来就讲产品,这样显得太过乏味,应该找点用户感兴趣的话题,然后慢慢引到产品身上来。更不能全程都在讲产品,这样用户会失去继续看直播的动力。最好的办法就是做出有自己特色的直播。

在直播中加入具有特色的桥段,让用户感觉主播的直播也可以很有新意,就像表演一样给人带来精神享受。直到直播结束了,用户还回味无穷,希望这场"秀"还能继续上演。可见"做秀+直播"模式只要把握住用户的心理还是很容易获得成功的。

3. 颜值+直播

在当今的直播营销中,都说对主播的要求比较低,但其实想要成为一个名气度高的主播,门槛还是很高的。比如那些人气高、频繁登上平台热榜的主播,实际上都是依靠背后的经纪公司或者团队的运作,同时不可否认的是,他们也有很高的颜值。

爱美是人之常情,人人都喜欢欣赏美好的事物,所以颜值成为营销手段的因素之一也不难理解。但需要注意的是,颜值并不是唯一,光有颜值是不够的,要把颜值和情商、智商结合起来,这样才能获得"颜值+直播"的效果。

如何塑造一个有颜值的主播呢?这里面大有学问,笔者将其总结为3点。

(1)邀请颜值较高的网红或明星做主播。

(2)主播的服装、妆容造型要靓丽。

(3)主播的行为也要配得上其颜值。

在直播中,主播的表现与产品的销售业绩是分不开的,用户乐意看到颜值高、情商高的主播,这也是颜值高,主播人气就高的原因所在。从2020年开始,一众明星基本处于无戏可拍的状态,于是他们纷纷开始带货,今年大热的"小鲜肉"明星带货能力非常强,粉丝愿意为偶像买单,如图7-13所示。

当然,"颜值+直播"模式的营销效果固然十分出色,但也要注意主播个人素质的培养,只有高情商、高智商和高颜值的结合,才能获得最佳的直播营销效果。

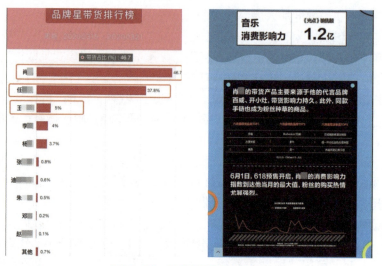

图 7-13 直播带货相关榜单

4. 限时 + 直播

众所周知,既然直播是为了营销,那么如何让顾客产生购物的欲望则是商家需要思考的问题。在直播过程中,商家如果加入一点"小心机",例如采用"限时购 + 直播"模式,就会大大激发用户购买产品的冲动。这是一种抓住用户心理的营销战术,能够最大限度地激发用户的购买热情,从而实现营销的最终目标。

比如抖音短视频等平台上的直播都可以边看边买,这样的平台更适合"限时购 + 直播"模式,为用户提供浸入式的购物体验。当然,在这种平台直播时,加入限时购的模式也是需要技巧的,应根据用户心理挑选时机来变换弹出产品的方法,单一的形式不容易引起用户的注意。例如,一个专卖百货的抖音主播,她主要靠自己主播推销产品,不但亲自介绍上架的商品,还认真回答用户提出的各种问题,解决用户们的疑惑。在直播中,主播一边向用户们介绍相关的产品,屏幕上就会弹出相应的商品链接,感兴趣的用户可以马上购买,如图 7-14 所示。

同时,如果用户们在观看的同时关注了主播,还会有购物的红包派送,这也是一种明智的营销手段,如图 7-15 所示。这样不仅让用户更加想要购买产品,同时又吸引了大量潜在顾客。可谓一箭双雕,两全其美。

此外,在屏幕下方还有一个产品信息栏,用户可以通过点击购物车图标来获得相关的产品信息(如产品名称、产品产地、产品上架情况和产品数量等),在此选购自己喜爱的产品。

由此可以看出,主播运用"限时购 + 直播"的渠道进行营销是一种明智的选择,只有加入限时购的信息页面,才能让用户买得更果断,从而提升销售业绩。

直播策划
挖掘团队最大的价值 第7章

图 7-14　商家直播弹出产品购买

图 7-15　红包派送

5. IP+ 直播

直播营销和 IP 营销是互联网营销中比较火的两种方式,很多娱乐主播、著名品牌都采用了这两种营销方式,那么可不可以将二者结合起来呢?"IP+ 直播"

模式的效果会不会更好呢？答案是肯定的。直播营销想要真正地火热起来，并立于不败之地，就需要 IP 的鼎力相助。

当然，IP 也可分为很多种，比如一些名人、明星本身就是一个 IP，那些经久不衰的小说、名著也是 IP，一本经典的人气漫画也是 IP。

"IP+ 直播"模式的核心是如何利用 IP 进行直播营销。主播如果想要吸引用户和流量，就应该利用名人效应。传统的营销模式同样也会邀请名人代言，不过那种方法比较硬性，无法激发用户购物的欲望。

随着时代的前进，科技的发展，人们购物心理的变化，传统的营销方式不再适用。各种营销手段和营销工具源源不断地涌现，名人 IP 也成为直播营销中不可或缺的宝贵资源。各大主播应该学着借助 IP 来进行直播营销，利用名人 IP 的效应，吸引用户观看直播，从而实现直播营销的目标。

总而言之，实际操作表明，"IP+ 直播"模式的可行性已经被无数次证明了，根据此模式打造的主播人设和直播场景，都能很好地吸引用户关注，如果你也这么操作的话，一定能取得巨大成效。

▷ 070 直播内容来源

不管是做新媒体还是直播，内容创作都是最为重要的，内容的来源可以是自己想的，也可以借鉴别人好的创意再进一步改进和完善，并加入自己的特色。笔者根据自身的经验给大家总结了几种方法，如图 7-16 所示。

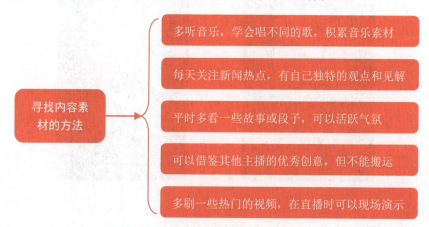

图 7-16 寻找直播内容素材的方法

俗话说："艺术来源于生活。"主播创意和灵感的产生离不开丰富的内容素材，因为个人的想象能力毕竟是有限的，思维的散发需要借助参考源才能得到启发。所以，对于主播来讲，要想源源不断地输出优质的直播内容，平时的内容素材积累是非常重要和必要的。

> **专家提醒**
>
> 在寻找内容素材的过程中，一定不能选择那些带有色情、血腥、敏感的内容素材，不要为了博取观众的眼球去"打擦边球"，从而违反平台的规则。

对于内容创作者而言，直播或新媒体的内容是 PGC、BGC、UGC 的相互融合，那它们的定义分别是什么呢？如图 7-17 所示。

图 7-17 PGC、BGC、UGC 的定义

1. PGC：专业生产内容

PGC（Professional Generated Content，专业生产内容）是一个互联网术语，是指专业生产内容，也称 PPC。在直播营销的领域中，PGC 的"Professional"主要指话题性人物，一共有 3 类，即明星、网红、名人（非娱乐圈的）。

1）明星

随着每年"双十一"电商购物节越来越热闹，影响力越来越大，成交金额总数不断打破以往的记录，中国人的购买力让全世界瞠目结舌。特别是近年来，直播带货行业的兴起和火热让许多人心动不已，于是娱乐圈的明星顺应时代潮流，纷纷也进入这个领域，利用自身的优势为自己获得更多的利益，这是中国社会的消费需求和消费水平飞速增长的必然结果。

因为有各大明星的参与，这种直播营销的内容才会受到用户喜爱，使其品牌的产品销量取得不错的成绩。但是请明星直播营销产品的成本也是巨大的，其投入产出比还有待评估。

2）网红

由于请明星的成本很高，有些实力较弱的企业或者商家就会选择请网红进行产品的营销直播。如图 7-18 所示，为罗永浩为小米 10 直播带货。

图 7-18 罗永浩为小米 10 直播带货

但是一般来说网红的影响力不如明星，所以企业在请网红直播的时候，通常会采用"人海战术"，用多个网红在同一直播间一起进行产品的介绍和营销。

一名网红的粉丝和影响力虽然有限，但多名网红进行直播的话，就会把各自的资源和优势进行叠加，使直播间的人气和效果达到最大化，这是电商直播带货常用的方法之一。

3）名人

除了明星和网红，各界知名人士的直播也非常火热，比如企业家或商界大佬。例如，小米公司董事长雷军通过视频直播的方式，对外发布了小米首款无人机产品。在发布会的直播中，雷军详细地介绍了小米无人机的产品功能和配置参数，并现场演示了无人机的试飞过程。如图 7-19 所示，为雷军正在向粉丝直播展示小米无人机的产品外观和功能。

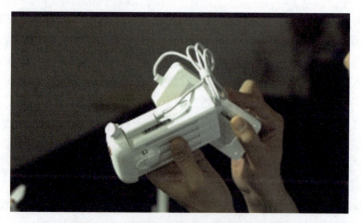

图 7-19 雷军的小米无人机发布会直播

在很多产品发布会的直播中，公司 CEO 或者高管为了新产品成功地上市，都曾经亲自上阵直播介绍产品，利用自身的知名度和影响力使产品获得更多的曝光度，从而为新产品的预约和销售做好铺垫。

从以上 3 个案例中我们可以看出在直播营销中，PGC 的作用是非常大的，它贡献了相当一部分的品牌曝光度和销售转化率。这些案例都是通过和电商平台紧密联系，以边看边买的形式实现产品销售和流量变现。

2. BGC：品牌生产内容

BGC（Brand Generated Content）是指品牌生产内容，其作用就是展示品牌的文化内涵和价值观。其实直播营销、视频营销和软文营销的本质上没有什么区别，都非常重视内容的创意，但是这种创意的优质直播营销内容并不多见。

例如，英国的高端连锁超市 Waitrose 的特色是售卖新鲜的食材，为了向世人展示自己的特色，Waitrose 在 YouTube 开设专属频道直播食材供应源头的实时画面。如图 7-20 所示，为 Waitrose 超市内的食材商品展示。

该直播虽然看久了可能会有点无聊，但却抓住了人们对于食品安全问题的高度重视和密切关注的需求，在直播过程中无形地传递了 Waitrose 超市"绿色环保"的品牌文化和价值观，使人们看到直播时能够放心地去购买产品。

图 7-20　Waitrose 超市的食材商品展示

我们再来看一个案例，Adidas Originals 是阿迪达斯旗下的运动经典系列，它以"三叶草"作为其标志，具有强烈的复古感。为了推广即将发布的 ZX Flux 新款产品，阿迪达斯联合哔哩哔哩视频平台在上海旗舰店举行了"Flux it！创作直播"。

这场基于 ZX Flux 新款产品造型的现场绘画直播，可以根据受众的弹幕随时变换鞋面色彩、图案等创作元素，为受众展示了一幅千变万化的涂鸦艺术直播场景。

3. UGC：用户生产内容

UGC（User Generated Content）是指用户生产内容，也就是用户将自己的原创内容在互联网平台进行分享或提供给其他用户。UGC 也可称为 UCC，随着互联网的发展，用户的交互作用得以体现，用户既是内容的需求者，也是内容的供给者。

智能手机的普及和上网成本的减少使移动互联网得到快速发展，从而带动直播的火热，随着直播的内容边界被无限扩展，对于直播营销而言，怎样让受众都能参与这种"无边界内容"是要考虑的根本问题。

直播营销的 UGC 不光指的是弹幕的评论功能，除了要和专业生产内容、品牌生产内容互动之外，还要改变它们，这种改变的最终目的是让其内容更加丰富有趣。

PGC、BGC 和 UGC 三者之间是可以互相转化且相互影响的，所以企业在进行直播营销时要考虑的问题如图 7-21 所示。

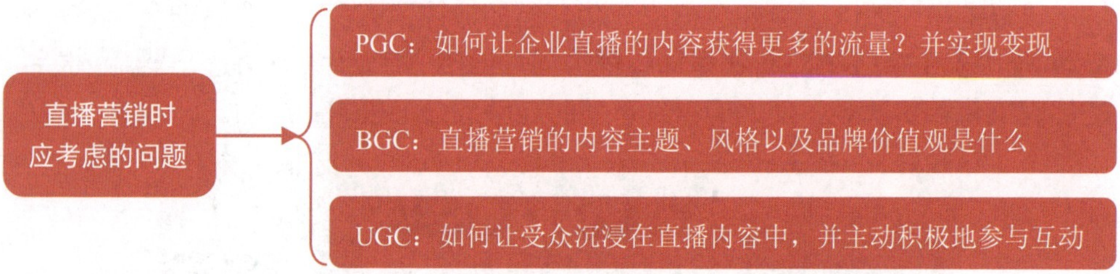

```
直播营销时           PGC：如何让企业直播的内容获得更多的流量？并实现变现
应考虑的问题         BGC：直播营销的内容主题、风格以及品牌价值观是什么
                     UGC：如何让受众沉浸在直播内容中，并主动积极地参与互动
```

图 7-21　企业直播营销时应考虑的问题

071　直播文案写作

在直播带货的过程中，主播要事先写好相应的文案内容，这样才能在直播中更好地转化用户，促使其下单购买产品。所以，接下来笔者就来讲述直播涉及的文案类型和写作技巧，以帮助主播更好地营销产品。

1. 直播宣传文案的类型

直播的宣传文案类型可分为预热宣传文案和产品宣传文案，所谓预热宣传文案是指直播开始前的预热宣传，而产品宣传文案则是指直播间产品的相关介绍。下面笔者将通过案例来详细介绍。

1）预热宣传文案

预热宣传文案主要可分为宣传海报和视频推广。2020 年 4 月 1 日晚上 8 点，罗永浩在抖音平台上开始直播带货，他除了联合抖音设计出了一组倒计时的海报文案以外，还在个人抖音号上发布视频进行推广。

2）产品宣传文案

在直播带货的过程中，主播应该将产品重要的卖点信息罗列出来，主要内容包括产品品牌、产品亮点、优惠价格以及上架产品。下面笔者就逐一地来进行分析，其具体内容如下所述。

- 产品品牌：首先应该介绍产品的品牌是什么，例如罗永浩在直播间带货一款中性笔时就向受众展示了该中性笔的品牌是小米，如图7-22所示。
- 产品亮点：其次介绍产品的卖点，例如罗永浩在介绍这款中性笔的产品时，将其亮点总结为"3.92毫升，是普通芯的6倍"，如图7-23所示。

图7-22　展示品牌

图7-23　展示亮点

- 优惠价格：讲完产品品牌和亮点之后，接下来就要着重突出产品价格方面的优势了，例如这款中性笔一盒10支的价格才9.99元，相比市面上的同类产品来说便宜了不少，相信这样优惠的价格肯定能让受众心动不已，如图7-24所示。
- 上架产品：直播产品带货的最后一个环节就是上架产品了，在介绍完这款产品的所有信息之后，主播就要告诉受众产品即将上架，准备好下单抢购了。

2. 设置悬念引起受众好奇

在直播预热宣传文案中，设置悬念可以引起受众的好奇心，引发受众进行思考，还能引导受众的互动，达到直播宣传推广的目的。下面我们来看设置悬念的技巧在直播文案中的运用,如图7-25所示。

图7-24 优惠价格

图7-25 设置悬念

从上面的案例中我们可以看出,文案采用填空题的形式来设置悬念,受众看到该文案时就会思考中间空缺的内容是什么,从而想观看直播。

3. 数字冲击增强视觉效果

在撰写直播文案时,运用精确具体的数字能让受众更直观地感受到产品的实力和优势,给受众造成视觉上的冲击。下面就是数字在直播间文案中运用的案例,如图7-26所示。

图 7-26　数字运用

4. 数字冲击增强视觉效果

在产品的营销和销售中,经常会通过和同类产品的对比或与其他事物的类比来突出自家产品的优势,让消费者更加直观深入地了解产品的特点。这种比较的手段也被应用于直播带货的文案中,比如前面讲到的罗永浩在介绍小米中性笔时,为了突出产品的优势,就拿普通笔芯做对比。

除了对比的手法,主播还可以通过和其他事物的类比来让受众更加具体、形象地了解产品的优势。比如,著名的香飘飘奶茶广告文案中,为了突出产品的销量之高,拿地球作类比,卖出去的杯子连起来可绕地球 3 圈。

5. 描述场景促使用户购买

主播在进行产品的营销时,要学会利用场景描述来激发用户的购买欲望。场景的描述主要可分为构建使用场景和产品卖点的场景联想。

构建产品使用场景的目的在于挖掘用户的痛点,给用户提供一个购买产品的理由。比如,在介绍电热锅产品的时候,可以给用户提供这样的使用场景:"没有燃气灶又想做饭的宿舍神器。"

另外,一种场景描述主要是为了形象地表达产品的卖点和优势。例如,某主播在直播带货香水产品的时候,就经常利用说辞来构建一个个具体的场景,像"恋爱中的少女,开心地去找男朋友,那种很甜的感觉""穿着白纱裙,在海边漫步的女生,非常干净的那种感觉""下过小雨的森林里的味道"等。

通过这些具体的场景描述,可以让用户自动地产生联想,激发用户的购买欲望,从而提升直播间的产品销量。

072 直播文案特质

对于主播直播而言,只有提供优质内容,才能吸引人气和流量。下面主要介绍直播文案的两大特质,以帮助主播更好地创作出优质的直播内容。

1. 情感特质:充分融入情感

加入情感特质容易引起人们的情感共鸣,能够唤起人们心中相同的情感经历,并得到广泛认可。主播如果能利用这种特殊的情感属性,那么将会得到更多用户的追捧和认同。

有的直播标题就会加入情感,最常见的是电台直播标题。其次,在进行直播时,也能利用感情带动受众的情绪,主播可以介绍自己的经历,最好是正能量、积极向上的,这样的表达在选秀直播节目中最为常见。这种情感融入不仅可让受众产生情感共鸣,还会增加彼此之间的联系以及信任程度。

2. 粉丝特质:实现力量变现

"粉丝"这个名词相信大家都不会陌生,那么"粉丝经济"呢?作为互联网营销中的一个热门词汇,它向我们展示了粉丝支撑起来的强大 IP 营销力量。

网红或者明星进行的直播带货,相当于将货物人格化,并且只需要和店铺合作即可,因此并不要求主播拥有自己的货源,并且直播中更多的是用户出于主播的喜爱和信任而产生的消费,即粉丝经济。

粉丝经济不仅带来影响力和推广力,最重要的还在于将粉丝的力量转变为实实在在的利润,即粉丝变现。粉丝不仅能为企业传播和宣传品牌,还能为企业的利润赚取做出贡献。

有的平台(比如 B 站)在粉丝关注主播后,会显示相关推荐,这样一种形式被称为粉丝裂变,这种同类推荐的方式有助于主播增加粉丝数量,如图 7-27 所示。

此外,B 站直播针对粉丝的运营为主播提供了一个亲密度管理的功能,增加的规则可以由主播设置,例如每日观看直播、发布一则评论之后,分别增加 2 分;关注主播、观看时长超过 4 分钟都增加 5 分;还有点赞和分享次数达到多少次可增加不同数值的积分等。

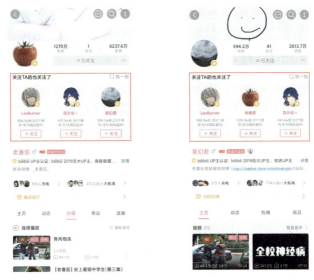

图 7-27 相关推荐

073 直播活动策划

主播在直播时,可以通过举办某种活动来激发受众参与互动的积极性。下面笔者主要介绍直播活动执行的模板、开场技巧以及直播互动的玩法等,以帮助主播做好直播活动的策划与执行。

1. 直播活动方案的模板

在举办直播活动之前,主播要制定好直播的活动方案,一般来说,直播活动方案的模板有以下几个方面的内容,如图 7-28 所示。

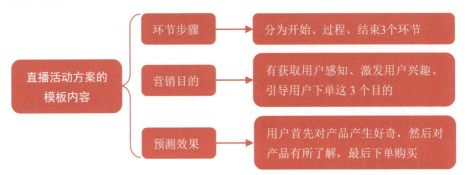

图 7-28 直播活动方案的模板内容

主播要以上面的方案模板为基础，围绕其中的核心内容来策划直播活动的方案，只有这样，直播活动才能实现预期的目标，获得预期的效果。

2. 直播活动常见的开场

在直播活动开始时，一个合适精彩的开场能够让受众眼前一亮，对直播活动充满兴趣和好奇。所以，下面笔者就来讲解直播开场设计的5大要素，以及直播活动的开场形式，帮助主播取得直播活动的"开门红"。

1）开场设计的要素

俗话说："好的开始是成功的一半"，直播的开场设计非常重要，直播开场能够给受众留下第一印象，是决定受众是否继续留在直播间观看的关键。所以，要做好开场设计可以从以下几点着手，具体内容如下所述。

- 激发兴趣：直播开场设计的第一要点就是要激发受众的兴趣，只有让受众对直播的内容感兴趣，直播才有进行下去的意义。因此，主播可以利用幽默的语言，新奇的道具等来引起受众的兴趣。
- 引导推荐：由于直播前期宣传和平台自身所带来的流量有限，所以在直播开始时，主播需要利用现有的受众数量来为自己拉新，以增加观看的人数，提高直播间的人气。
- 场景带入：因为每个受众观看直播时所处的环境都不一样，所以主播要利用直播开场让所有的受众快速地融入直播的场景之中。
- 植入广告：营销是举办直播活动的目的之一，所以在直播开场时，主播可以从几个方面来植入广告，达到营销目的，如图7-29所示。

图7-29 直播开场中植入广告的方法

- 平台支持：一般来讲，各大直播平台都会对直播的资源位置进行设置和分配。主播可以利用直播开场快速提升人气，积极引导互动，就有可能获得平台的推荐位置，从而获得更多的流量和曝光度。

2）活动开场的形式

在直播活动策划中，常见的开场形式有6种形式，分别是开门见山、提问形式、展示数据、讲述故事、借助道具和巧用热点，如果主播能在直播中灵活运用这些技巧,那么直播内容将会更加精彩,如图 7-30 所示。

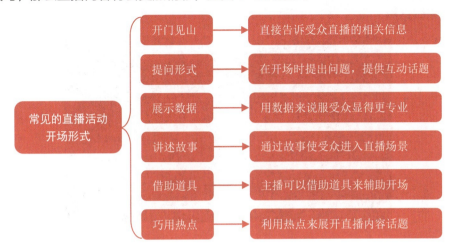

图 7-30 直播活动的开场形式

3. 5 种直播互动的玩法

在直播活动中,主播可以通过弹幕互动、情节参与、赠送红包、接受直播任务、礼物打赏等方式来和受众或粉丝进行互动,以提高直播间的活跃度。

1)弹幕互动

弹幕互动是近几年兴起的一种新的网络社交互动模式,典型代表莫过于 B 站了,正是因为 B 站这种独特的弹幕文化,把很多人聚集在一起。他们通过弹幕找到了热闹和快乐,治愈了自己的孤独感,这是 B 站用户高黏性的关键因素之一。

另外,弹幕使不同时空的人开始有了交集,有的时候用户在某个视频上看到的弹幕有可能是很早以前发的,在同一个视频下,他们用弹幕进行了沟通和交流,而所有观看视频的用户就成了这场交流的见证者和参与者。

例如,2020 年 5 月 28 日 20:20 分,B 站 UP 主"硬核的半佛仙人"和人民网合作,和倪光南院士等人展开了一场以"万物互联"为主题的对话直播。

在对话直播的视频中,网友们纷纷用弹幕进行评论说:"半佛仙人好大的排面,牛""仙人,你又胖了,该减肥了""咦,那个小胖子就是半佛仙人的真面目吗? 好可爱",等等。而半佛仙人在看到弹幕区的评论后,自我调侃地说:"200 斤的胖子就是这样的。"又说:"我根本不胖,我就是被打肿的。"如图 7-31 所示,为 B 站视频中用户进行弹幕互动的场景。

2)情节参与

在户外直播中,主播可以按照受众要求来安排直播内容的情节,以提高受众的参与感。例如，B 站的 UP 主"谷阿莫"就经常按照粉丝的要求模仿电影中的情节来做直播，如图 7-32 所示。

图 7-31　B 站用户进行弹幕互动

图 7-32　谷阿莫的户外直播

3）赠送红包

在电商直播带货中，主播可以利用赠送红包等优惠活动来激发受众的购买欲望，促使受众下单，提高直播间产品的销量。

4）发起任务

主播可以在直播平台通过发起任务来和受众一起参与活动，增加和受众互动的频率，调动受众的积极性。

5）礼物打赏

礼物打赏是直播间常见的互动模式，粉丝给主播打赏礼物是出于对主播的喜爱和认可，所以主播应该对赠送礼物的粉丝表示由衷的感谢，并利用这个机会跟粉丝积极地沟通交流、联络感情。

▶ 074 包装好直播室

在运营抖音直播的过程中，一定要注意视频直播的内容规范要求，切不可逾越雷池，以免辛苦经营的账号被封。另外，在打造直播内容、产品或相关服务时，运营者要遵守相关法律法规，只有合法的内容才能得到承认，才可以在互联网中快速传播。

➔ 1. 建立更专业的直播室

首先要建立一个专业的直播空间，主要包括以下几个方面的内容。

（1）直播室要有良好稳定的网络环境，保证直播时不会掉线和卡顿，影响用户的观看体验。如果是在室外直播，建议选择无限流量的网络套餐。

（2）购买一套好的电容麦克风设备，给用户带来更好的音质体验，同时也将自己的真实声音展现给他们。

（3）购买一个好的手机外置摄像头，让直播效果更加高清，给用户留下更好的外在形象，当然也可以通过美颜等效果来给自己的颜值加分。

其他设备还需要准备桌面支架、三脚架、补光灯、手机直播声卡以及高保真耳机等。例如，直播补光灯可以根据不同的场景调整画面亮度，具有美颜、亮肤等作用，如图7-33所示。手机直播声卡可以高保真收音，无论是高音或低音都可以还原更真实，让你的歌声更加出众，如图7-34所示。

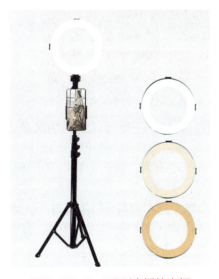

图 7-33　Led 环形直播补光灯

图 7-34　手机直播声卡

2. 设置一个吸睛的封面

抖音直播的封面图片设置得好，能够为各位主播吸引更多的粉丝观看。目前，抖音直播平台上的封面都是以主播的个人形象照片为主，背景以场景图居多。抖音直播封面没有固定的尺寸，不宜过大也不要太小，只要是正方形等比即可，但画面要清晰美观。

3. 选择合适的直播内容

目前，抖音直播的内容主要以音乐为主，不过也有其他类型的直播内容在进入，如美妆、美食、"卖萌"以及一些生活场景直播等。从抖音的直播内容来看，都是根据抖音社区文化衍生出来的，而且也比较符合抖音的产品要求。

在直播内容创业中，以音乐为切入点可以更快地吸引粉丝关注，在更好地传播好音乐内容的同时，也可以让主播与粉丝同时享受到近距离接触的快感。

075 直播脚本策划

在正式开始直播之前，我们需要做好直播脚本策划。为什么要写直播脚本呢？主要有 3 个方面的目的，如图 7-35 所示。

图 7-35 写直播脚本的 3 个目的

了解了写直播脚本的 3 个目的之后，那么直播脚本的意义和作用又有哪些呢？具体内容如图 7-36 所示。

想要做好一场直播就得把握好直播的 4 大核心要素，具体内容如下所述。

1) 明确直播主题

直播需要围绕中心主题来进行，如果内容与主题不相符合，就会有"标题党"之嫌，这样本末倒置的直播内容会很泛很杂，让别人不知道你直播所要传达的核心信息是什么，容易导致用户反感，从而造成粉丝的流失。

2) 把控直播节奏

把控直播的节奏其实就是规划好时间，只有确定每个时间段要直播的内容，主播才能从容自如地控制整个直播流程的发展方向，这样做能够优化直播的流畅度，增加受众观看直播的体验感，也就不会出现直播中途突然暂停或者面对突发状况不知所措的现象了。

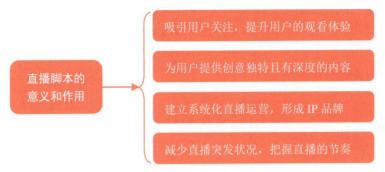

图 7-36　直播脚本的意义和作用

在直播过程中，直播的内容一定要和直播的目的匹配，这样才有利于直播节奏的把控。那么，究竟该如何使直播内容围绕直播目的来进行呢？我们可以从 3 个方面来入手，如图 7-37 所示。

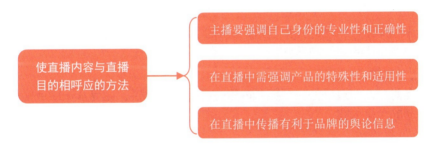

图 7-37　使直播内容与直播目的相呼应的方法

要做好直播节奏的把控就需要对直播内容进行分阶段设置，罗列出直播的内容大纲，就像在线教育的直播课程一样，讲师在正式上线讲课之前会做好直播课程课件，对直播内容的知识点进行梳理，这样才有利于受众更好地理解。

3）直播分工安排

直播的各个流程和环节需要直播团队的配合，所以在直播脚本上一定要备注好每个人的工作安排和职责，这样一方面能够提高直播运营的效率，另一方面还能培养团队成员之间的默契。

4）引导直播互动

把优惠、游戏、抽奖等互动环节安排在直播的哪个时间段也是要在直播脚本中提前制定好的,可以在特定的时间设置一些限时、限量的福利活动。一般来讲,抽奖活动是直播互动环节的高潮,合理地利用这些互动环节能够有效地提升直播的用户转化率,主播在与用户互动时一定要营造急迫的气氛,反复强调福利的稀缺性和获取方式,比如"优惠大礼包只剩下最后几个名额了,机不可失,时不再来!"除此之外,还可以和用户进行情感互动、故事性互动等,以增进彼此之间的感情。

1. 直播大纲:规划方案

直播大纲一般包含9个模块,即直播目标、直播类型、直播简介(直播的主要内容)、人员安排、直播时间、直播主题、流程细节、推广分享、直播总结。它们的具体内容如下所述。

1)直播目标

首先应明确直播想要实现的目标是什么,这个目标要尽可能量化,只有这样直播才会有方向和动力。比如观看人数、转化率、成交额等。

2)直播类型

其次就是要确定直播的类型,也就是直播的标签或频道,是要做音乐主播,还是想在游戏区直播,或者是在电商平台直播带货?这个可以根据自己的爱好或者特长来选择适合自己的分类。直播类型的确定实际上就是锁定目标受众的群体,有利于形成自己的风格和特色。

3)直播简介

直播简介是对直播的主要核心内容进行提炼和概括,让受众一眼就能明白和了解直播的大概内容。

4)人员安排

对于较为大型的直播活动来说,个人要想完成直播流程的整个过程是非常困难的,所以这时候就需要组建直播运营团队,安排人员来协助主播完成直播的各项工作,这样能集众人的力量把直播做得更好,同时也能减轻主播的负担。

5)直播时间

确定好直播的时间是直播大纲的一个重要组成部分,关于直播时间的确定需要迎合受众粉丝群体的生活习惯和需求,如果是安排在周一至周五,这段时间绝大部分人都在工作或者读书,所以直播最好选择在晚上进行;如果是在星期六或周日,则下午或者晚上都可以,合理的直播时间选择能够增加直播的观看人数。

确定好直播时间之后一定要严格地执行,并且能够准时开播,尽量使直播的时间段固定下来,这样能在受众心目中建立信誉良好的形象,养成受众按时观看直播的习惯,增强粉丝的黏性。

6）直播主题

直播的主题本质上就是告诉受众直播的目的是什么（这个目的不是对主播方面而言的），明确直播的主题能够保证直播内容的方向不会跑偏。直播的主题可以从不同角度来确定，比如产品的效果展示、功能特色、优惠福利或者方法技巧教程等，需要注意的是主题要足够清晰。

7）流程细节

直播的流程细节就是直播的脚本策划,是指开播后直播内容的所有步骤环节,每个步骤环节都有对应的时间节点，并严格按照计划来进行。

8）推广分享

直播开始前和直播进行的时候要做好直播的宣传推广工作，包括各个平台渠道的引流和推广，尽可能地吸引更多人前来观看直播，以提升直播的人气和热度。

9）直播总结

直播结束之后，我们要对直播的整个过程进行回顾，总结经验和教训，发现其中存在的问题和不足，对于一些好的方法和措施要保留和继承，以此来不断地完善和改进自己的直播。

2. 直播脚本：案例展示

前面笔者提到了直播内容的流程细节，那么一个完整的直播脚本策划究竟应该有哪些环节和步骤呢？下面笔者将以抖音直播为例，来为大家介绍直播带货的脚本策划模板，帮助大家写好直播脚本。

1）直播主题

直播的主题即直播间的标题，该直播的主题为"微胖妹妹夏季显瘦穿搭"。

2）主播及介绍

此次直播的主播是xxx，该主播的身份是品牌主理人、时尚博主、模特。

3）直播时间

2020年x月x日14点到18点。

4）内容流程

该直播的内容流程一共分为12个环节步骤，具体内容如下所述。

- 前期准备：直播开始之前的前期准备工作包括直播宣传、明确目标、人员分工、设备检查、产品梳理等。
- 开场预热：14:00~14:15，先与前来的受众适度互动、并自我介绍等。
- 品牌介绍：14:15~14:30，强调关注店铺、预约店铺。
- 直播活动介绍：14:30~15:00，直播福利、简介流程、诱惑性引导。
- 产品讲解：15:00~16:00，从外到内，从宏观到微观。语言生动真实。
- 产品测评：16:00~16:30，从顾客的角度360度全方位体验。

- 产品性观众互动：16:30~17:00，为观众进行案例讲解、故事分享、疑问解答等。
- 试用分享、全方位分析：17:00~17:15，追求客观性，有利有弊，切忌夸夸其谈。
- 抽取奖品：17:15~17:30，抽奖互动，穿插用户问答。
- 活动总结：17:30~17:45，再次强调品牌、活动。
- 结束语：17:45~18:00，准备下播，引导关注，预告下次内容和开播时间。
- 复盘：直播结束之后对整个过程及时进行复盘，发现问题、脚本调整、优化不足等。

以上就是抖音直播脚本策划的整个流程和步骤，制定一份详细、清晰和可执行的脚本，并且还要考虑各种突发状况的应对方案，才能最大限度地保证直播的顺畅进行和实现主播的预期目标。

需要注意的是，直播脚本的内容并不是一成不变的，只有不断地优化和调整脚本才能对直播的操作更加游刃有余。一份出色的直播脚本是直播取得不错效果的必要条件，可以让直播有质的飞越。

076 塑造个人特色

对于主播而言，只有不断地输出有创意的优质内容，打造差异化，形成自己独特的风格和特色，才能在竞争激烈的直播行业中占据一席之地。下面主要介绍从粉丝的反馈和主播自身优势的发挥这两方面来打造和提炼直播内容的个人特色。

1. 从评论和私信中了解粉丝需求

例如，B 站一个名叫"爱闹腾的老王"的 UP 主，在创作内容时就经常根据后台网友的留言和评论来选择直播或视频的内容话题，如图 7-38 所示。

直播是一场关于主播和用户之间的互动与交流，所以对于内容的安排和把握除了按照自己的想法来展示给用户之外，还需要在直播的过程中通过和用户的互动来了解用户的想法和需求。

没有用户和粉丝的支持和关注，直播也就毫无意义，所以主播在考虑直播内容时要从用户的需求出发，抓住他们的痛点，给用户展示他们想看的内容，这样做会使粉丝感到一种"被宠爱"的感觉，从而更加喜欢主播，维护主播，增加粉丝对主播的信任，加深彼此之间的互动和联系，也有利于个人特色和 IP 的形成、打造。

图 7-38 以用户的需求来创作内容

从案例的内容标题中我们可以看出，该 UP 主的直播或视频的内容创作点是以网友或用户的切身利益为中心而展开的。这样不仅能吸引大量的用户观看，而且还能帮助他们解决实际的问题，将自己所擅长的领域和用户的需求痛点结合起来，形成了自己独特的内容特色，强化了粉丝的忠实度和黏性。

2. 利用自身优势来打造个人特色

对于新人主播来说，要想打造具有个人特色的直播内容，可以从自身优势来入手，包括自己的兴趣爱好、特长技能等。也就是说只在自己了解或者所擅长的内容和领域下功夫，这样更有利于打造个人的特色风格。

例如 B 站 UP 主"罗翔说刑法"的罗翔老师是中国政法大学的教授，因为早期讲解大法考的知识点和案例的视频被大量在 B 站转载而走红，之后受邀入驻 B 站平台，分享一些法律知识和对刑事案件的分析。

他的内容观点见解独到，语言幽默风趣，特别是在进行知识点的举例时，经常拿虚拟人物张三举例，因而张三被广大网友调侃为"法外狂徒张三"，从而成了一个网络流行的"梗"。如图 7-39 所示，为罗翔老师在 B 站上分享法律知识讲解的视频或直播，这便是利用自身的优势来打造个人特色风格的典型。

自身的优势可以是先天优势，也可以是后天优势，所谓先天优势指的是颜值高或者声音很好听；后天优势指的是通过学习所掌握的技能，比如才艺、知识等。

如图 7-40 所示，为 B 站 UP 主的游戏直播录屏。因为这个主播的声音很好听，声线属于可爱少女型的那种，所以吸引了一大批男性粉丝，她不仅歌唱得很好听，而且人也长得不错，还会打游戏，而独特的嗓音更是她最大的特色。

图 7-39 "罗翔说刑法"

图 7-40 B 站直播录屏

第8章

直播内容
满足需求和解决痛点

短视频平台上的直播首先是一种内容呈现形式,因而它在内容方面的呈现就显得尤为重要。

那么,什么样的内容才是好的内容呢?从营销方和用户来说,能满足营销方的营销需求和用户的关注需求才是本质要求。本章就从直播的内容出发,对直播营销进行阐述。

077 明确内容模式

随着视频直播行业的发展，内容的模式基于企业和用户的需求而发生了巨大的变化，从而使直播内容在准备和策划方面也有了极大的关注点转移即要求明确内容的传播点和注意内容的真实性。

只有这样，才能策划和创作出更好的、更受用户关注的直播内容。下面笔者将根据上述两个方面的要求进行具体介绍。

1. 明确内容，找传播点

最初的直播更侧重于个人秀和娱乐聊天的内容模式，当直播迅速发展和竞争加剧，此时就有必要对直播内容有一个明确的定位，并选择一个可供用户理解和掌握的直播内容传播点，也就是说，在直播过程中，要有一个类似文章中心思想的东西存在，而不能只是乱侃一气。

直播内容的传播点，不仅能凝聚一个中心，把所要直播的观点和内容精练地表达出来，还能让用户对直播有一个清晰的认识，有利于直播知名度和形象的提升。

一般说来，所有的直播都有一个明确的信息传播点，只是这个传播点在界定上和选择的方向上有优劣之分。好的信息传播点，如果再在直播策划和运行中明确地呈现，那么直播也就成功了一半。

2. 直播内容，应该真实

直播是向用户展示各种内容的呈现形式，尽管其是通过虚拟的网络连接了主播和用户，然而，从内容上来说，真实性仍然是其本质要求。

当然，这里的真实性是一种建立在一定创意基础上的真实。直播内容要注意真实性的要求，呈现能和用户产生联系的直播内容，并展现其真实的信息和真实的情感两方面，这样才能吸引和打动用户。

作为直播内容必要的特质，真实性在很多直播中都有体现，在此以一个户外美食——《一鸣游记》为例进行介绍。《一鸣游记》是由某平台上一位名叫"我的老范"推出的节目，其主要内容是直播在各地的旅游经历。

在互联网热潮的推动下，直播市场持续走高，直播玩法也在不断推陈出新。而在旅游领域，"直播+旅游"模式不仅能为旅游景点带来巨大的流量，主播也能在直播过程中实现变现。

在《一鸣游记》直播节目中，主播不仅会直播出发前往的行进过程，如图8-1所示。还会在直播中呈现旅游目的地的风景、人文，如图8-2所示。另外，主播在直播过程中,还会对旅程中所见所感进行生动形象的描述。可以说,主播使尽浑身解数,只为了让用户真实地感受到直播内容的真实,就好像自身也同主播一起,经历了这次旅行一样。

图8-1 直播前往的行进历程

图8-2 直播目的地景观

078 确定直播方向

在视频直播发展迅速的今天,为什么有些直播节目关注的用户数量非常多,有些直播节目关注的用户又非常少,甚至只有几十人?其实,最主要的影响因素有两个,一是对内的专业性,一是对外的用户兴趣。

这两个原因之间是有着紧密联系的,在直播中相互影响,互相促进,最终实现推进直播行业发展的目标,下面笔者将对这两个因素分别加以详细介绍,帮助大家更好地确定直播的方向。

1. 从内来看,专业素养

就目前视频直播的发展而言,个人秀场是一些新人主播和直播平台最初的选择,也是最快和最容易实现的直播选择。

在这样的直播时代环境中,平台和主播应该怎样发展和达到其直播内容的专业性要求呢?关于这一问题,可以从3个角度考虑。

(1)基于直播平台专业的内容安排和主播本身的专业素养,直播主播自己擅长的内容。

（2）基于用户的兴趣，从专业性角度来对直播内容进行转换，直播用户喜欢的专业性内容。

（3）根据内容稀缺度来确定内容，用户除了喜欢专业性的内容外，他们往往还喜欢新奇或新兴的事物。

主播在选择直播的内容方向时，可以基于现有的平台内容和用户而延伸发展，创作用户喜欢的直播内容。

在观赏直播时，用户总会表现出倾向某一方面喜好的特点，然后直播就可以从这一点出发，找出具有相关性或相似性的主题内容，这样就能在吸引平台用户注意力的同时，增加用户黏性。

例如，一些用户喜欢欣赏手工工艺品，那么这些用户就极有可能对怎样做那些好看的手工工艺品感兴趣，因而可以考虑推出这方面具有专业技能的直播节目和内容，实现直播平台上用户的不同节目间的转移。

而与制作手工工艺品相关的内容又比较多，既可以介绍手工工艺品的基础知识和历史，又可以教会用户边欣赏边做，还可以从手工制作领域的某一个点出发来直播，如图 8-3 所示。

图 8-3　制作手工工艺品直播

2. 从外来看，迎合喜好

直播是用来展示给用户观看的，是一种对外的内容表现方式。因此，在策划和考虑直播时，最重要的不仅是其专业性，还有其与用户喜好的相关性。一般说来，用户喜欢看的，或者说感兴趣的信息主要包括 3 类，具体如图 8-4 所示。

从图中的 3 类用户感兴趣的信息出发来策划直播内容，这为吸引用户注意力提供了基础，也为节目的直播增加了成功的筹码。

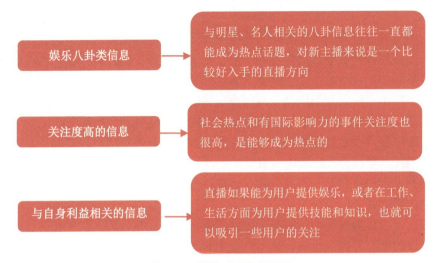

娱乐八卦类信息	与明星、名人相关的八卦信息往往一直都能成为热点话题，对新主播来说是一个比较好入手的直播方向
关注度高的信息	社会热点和有国际影响力的事件关注度也很高，是能够成为热点的
与自身利益相关的信息	直播如果能为用户提供娱乐，或者在工作、生活方面为用户提供技能和知识，也就可以吸引一些用户的关注

图 8-4 用户感兴趣的信息

除此之外，还可以把用户的兴趣爱好考虑进去。如女性用户一般会对美妆、美食、服装类的内容感兴趣，而男性用户往往会对球类、游戏、电竞、数码等内容感兴趣，基于这一考虑，直播平台上关于这些方面的直播内容往往就比较多，如图 8-5 所示。

图 8-5 与用户兴趣爱好相符的直播内容举例

079 展示产品实物

利用直播进行营销，最重要的是要把产品尽可能地销售出去，因此，在直播过程中要处理好产品与直播内容的关系。在直播中既不能只讲产品，也不能一味地不讲产品。

因为如果全程只介绍产品会减弱直播的吸引力，而完全不介绍产品又会忽略营销本质，所以主播在直播时须巧妙地在直播全过程中结合产品主题。

巧妙地在直播全过程中结合产品主题，其意在全面呈现产品实体及鲜明地呈现产品组成，最终为实现营销做准备。

要想让用户接受某一产品并购买，首先应该让他们全面了解产品，从其直观感受到内部详解。

因此，在直播过程中，主播一方面需要把产品放在旁边，或是在讲话或进行某一动作时把产品展现出来，让用户能用眼睛看到产品实物。

如图8-6所示，为一场关于女士包包的直播。在直播过程中，主播将包包进行了实物展示，无论是对包包的外观，还是内部的结构，都进行了一些说明。

图8-6 直播中的产品展示

主播需要在直播中植入产品主题内容，或是在直播中把产品的特点展示出来。另外，为了更快地营销，有些主播一般还会在直播的屏幕上，对其产品列表、价格和链接进行标注，或是直接展现购物车图标，以方便用户购买。

080 展示产品组成

在视频直播中,不同于实体店,用户要产生购买的欲望,应该有一个逐渐增加信任的过程。而鲜明地呈现产品组成,既可以更加全面地了解产品,又能让用户在了解产品的基础上信任产品,从而放心购买。

关于呈现产品组成,可能是书籍产品的精华内容,也可能是其他产品的材料构成展示,如食物的食材、效果产品内部展示等。如图 8-7 所示,为一场销售螺蛳粉的直播。在该直播中,主播为了让用户清楚地了解每包产品的具体组成,特意拆开了大包装,并对包装中的各小包装进行了展示和说明。

图 8-7　在直播中展示产品的组成

081 把握特点热点

一般来说,用户购买某一产品,首先考虑的应该是产品能给他们带来什么样的助益,即产品能影响到用户的哪些切身利益。

如果某一产品在直播过程中所突出体现的产品热点和特点能让用户感到是于自己有益的,就能打动用户和促使他们购买,实现营销目标。因此,在直播的过程中,主播要懂得大胆地展示产品的热点和特点。

1. 实际操作，更为直观

在展现产品给用户带来的变化时，视频直播与其他内容形式最大的不同就在于它可以更清楚、直观地告诉用户肉眼所能看见的变化，而不再只是利用单调的文字进行描述。

作家在写作时状物写景手法高超，好像把物体和景物真实地呈现在了用户面前。然而在用户脑海中通过文字构筑的画面和呈现在眼前的实际画面还是存在一定差距的。其实，这就是文字与视频的区别。

因此，在视频直播中，利用实际操作把产品所带来的改变呈现出来，可以更好地让用户看到产品的特点，感受产品的真实效果。

这种直播内容的展现方式在服装和美妆产品中比较常见。如图 8-8 所示，为涂抹口红实际操作前后的效果对比。通过对比，用户可以很直观地感受到产品的使用效果，而主播则可以结合使用体验，将产品的特点告知用户。

图 8-8　视频直播中口红颜色效果对比

2. 把握热点，占得先机

在网络迅速发展和信息量巨大的环境中，对营销运营人员来说，热点总是与大量的关注和流量联系在一起的。因此，在策划直播内容时应该准确把握时代热点来展开直播和进行直播营销。

在直播营销中把握热点来创造直播内容包括两个方面的内容，一是找准热点，二是根据热点策划直播，下面将分别加以介绍。

1）找准热点

热点就是在各个平台、各个领域吸引了绝大多数人关注的流行信息。如每年的 6 月和 7 月，高考都可算得上一个热点，又如，每年国庆节都会全国欢庆，所以国庆节也是一个十足的热点。

2019 年国庆节为庆祝新中国成立 70 周年，举行了盛大的阅兵仪式，让民众看到了祖国的强大。一时之间，国庆就成为一个热点。而许多直播也借助该热点举办了一些活动，如国庆秒杀活动等，这便属于找准了热点的直播。

2）根据热点策划

在直播内容策划中，抓住热点做直播应该分 3 个阶段来进行，具体内容如下所述。

第一阶段：策划开始阶段。

在这一阶段中，直播营销和运营者首先要做的是一个"入"和"出"的问题。

所谓"入"，就是怎样把热点切入直播内容中，这是需要找准一个角度的，应该根据产品、用户等的不同来选择合适的切入角度。

所谓"出"，就是怎样选择直播内容的发布渠道，这就需要找准合适的直播平台，应该根据自身直播内容分类、自身在各直播平台的粉丝数量以及直播平台特点来选择。如可以与游戏结合的产品和直播内容，就应该以那些大型的主打游戏的直播平台为策划点，B 站直播等。如图 8-9 所示，为 B 站直播上的游戏直播。

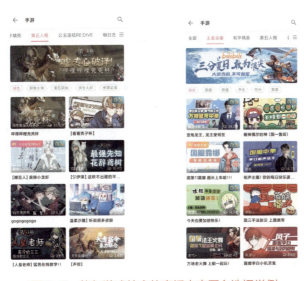

图 8-9 能与游戏结合的直播内容平台选择举例

第二阶段：策划实施阶段。

在直播内容有了策划的产品切入角度和合适的平台选择等基础外，接下来就是在上述基础上进行具体的内容准备。首先，策划者应该撰写一篇营销宣传的文案，以便实现直播营销。因此，在撰写文案时，应该抓住热点和用户兴趣的融合点进行文案的撰写。其次，应该在整体上对直播内容进行规划布局，这是根据热点策划直播内容整个过程中的主要内容，具体应该注意以下几个问题：

- 在直播中加入引导，巧妙地体现营销产品；
- 主播在直播过程中，应该注意讲述的方式；
- 在直播内容安排上，应该注意讲述的顺序。

第三阶段：策划输出阶段。

热点其实是有时效性的，而直播内容的输出应该在合适的时间点呈现出来，既不能在热点完全过时的时候呈现，因为那时已出现了新的热点，原有的"热点"已经不再是热点了；也不能在热点还只是刚刚萌芽的时候呈现，除非企业自身有着极大的品牌影响力，否则可能因选择不当而错失方向，也可能是为其他品牌宣传做了嫁衣。因此，直播内容在策划输出时，应该找准时间点，既快且准地击中用户的心，吸引他们关注。

其实，把握热点话题来策划直播内容是一个非常有效的营销方式，具有巨大的营销作用，具体如下所述。

- 以热点吸引大量用户关注，增加直播内容用户；
- 以热点的传播和用户参与来引导产品广泛销售出去。

3. 完美融合，特点热点

上面内容分别提及了产品的热点和特点，在此，将从两者结合的角度来说明产品的直播营销。

在直播营销中，特点和热点都是产品营销的主要元素，要想在市场中实现更好、更快地营销，打造出传播广泛的直播，就应该"两手抓"，并实现完美融合。

例如，在三伏天期间，"高温""酷暑"已经成为热点，从这一方面出发，人们关心的重点是"凉""清凉"等，于是某一茶叶品牌推出了有着自身特点的冷泡茶单，帮助人们度过炎炎夏日。

可见，在视频直播中，如果能够将产品特色与时下热点相结合，让用户产生兴趣，进而关注直播和直播中的产品，可以激发其购买的欲望。

▶ 082 获得用户好感

优秀的企业在直播时并不是光谈产品，要让用户心甘情愿地购买产品，最好的方法是提供给他们以软需为目的购买产品的增值内容。这样一来，用户不仅获得了产品,还收获了与产品相关的知识或者技能,自然是一举两得,他们购买产品当然也会毫不犹豫。

在如今信息技术发达的时代,共享已经成为信息和内容的主要存在形式,可以说,几乎没有什么信息是以独立的形式存在的,共享已经成为存在于社会中的人交流的本质需求。

信息共享是表现在多方面的,如信息、空间和回忆等,且当它们综合表现在某一领域时可能是糅合在一起的,如空间与信息、空间与回忆等。因此,对于直播而言也是如此,它更多地表现一种在共享的虚拟范围空间扩大化下的信息。

一般来说,当人们取得了某一成就,或是拥有了某一特别技能的时候,总是想要有人能分享他(她)的成功或喜悦,因而,共享也成为人的心理需求的一部分。而直播就是把这一需求以更广泛、更直接的方式展现出来:主播可以与用户共同分享自己别样的记忆,或是一些难忘的往事等。

当其与营销结合在一起时,只要能很好地把产品或品牌融合进去,那么,用户自然而然地就会沉浸其中,营销也就成功了。可见,在直播中为用户提供共享这一软需的产品增值内容,可以很好地提升用户对产品或品牌的好感,更好地实现营销目标。

▶ 083 增强用户黏性

直播不仅是一种信息传播媒介和新的营销方式,还是一种实时互动的社交方式,这可以从其对用户的影响全面地表现出来。人们在观看直播的时候,就好像在和人进行面对面的交流,使用户感受到陪伴的温暖和共鸣,具体影响如下所述。

(1)让用户忘掉独处的孤独感。

(2)让用户有存在感和价值感。

直播作为一种新的营销方式,它的固有特性是陪伴和共鸣,如果主播在此基础上加以发挥,把陪伴、共鸣等特性与产品相结合,那么用户将更清晰地感受到该产品的特殊性,从而能更有效地引起用户关注和增加用户黏性。

▶ 084 传授用户知识

最典型的增值内容就是边播边做,通过知识和技能的传授,让用户获得新知识。抖音直播在这方面就做得很好。一些利用直播进行销售的商家纷纷推出产品的相关教程，给用户带来更多软需的产品增值内容。

例如，抖音直播中的一些美妆销售直播，一改过去长篇大论介绍化妆品的老旧方式，而是直接在镜头面前展示化妆过程，边化妆边介绍美妆产品，如图 8-10 所示。

图 8-10　边化妆边介绍产品

在主播化妆的同时，用户还可以通过弹幕向其咨询化妆的相关疑问，比如"油性大的皮肤适合什么护肤产品""皮肤黑也能用这款 BB 霜吗""这款口红适合什么肤色"等，主播也会为用户耐心解答。

其实，不仅是化妆产品如此，其他方面的电商产品直播营销也可照此进行，就直播主题内容中的一些细节问题和产品相关问题进行问答式介绍。这样的做法，相较于直白的陈述而言，明显是有利于用户更好地、有针对性地记住产品的。

这样的话，用户不仅仅通过直播得到了产品的相关信息，而且还学到了护肤和美妆的窍门，对自己的皮肤也有了比较系统的了解。用户得到优质的增值内容自然就会忍不住想要购买产品，直播营销的目的也达到了。

085　用户直接参与

在直播圈中，UGC 已经成为一个非常重要的概念，占据着非常重要的地位，影响着整个直播领域的内容发展方向。UGC，即 User Generated Content，意为用户创造内容。在直播营销里，UGC 主要包括两个方面的内容，具体如图

8-11 所示。

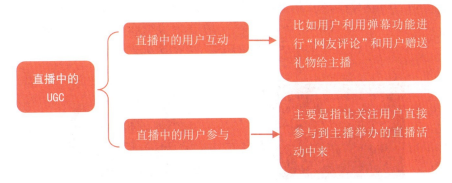

图 8-11 直播中的 UGC

其中，让用户直接参与到举办的直播活动中来，是直播的最重要的元素之一，在直播的发展大势中，让用户参与内容生产，才能更好地丰富直播内容，才能实现直播的长久发展。

要让用户参与到直播中来，并不是一件简简单单的事，而是要具备必要的条件才能完成的，让用户参与到直播中来，有两个必备条件，即优秀的主播和完美的策划。

在具备了上述两个条件的情况下，基于直播潮流的兴起，再加上用户的积极配合，一场内容有趣、丰富的直播也就不难见到了。在直播过程中，用户是直播主体之一，缺失了这一主体，直播不仅会逊色很多，甚至有可能导致直播目标和任务的难以完成。

▷ 086 邀请明星高手

在视频直播平台上，除了那些经过经纪公司专业培训和娱乐明星等主播直播的节目外，一般还包括另一类人士的直播节目，那就是邀请一些民间的具有某一技能或特色的高手来做直播，这也是一些直播在网络上比较火的原因之一。

所谓"高手在民间"，在直播平台所涉及的各领域中，现实生活中总会有众多在该领域有着突出技能或特点的人存在，直播平台可以邀请相关人士做直播，这样一方面可以丰富平台内容和打造趣味内容。另一方面民间高手的直播，无论是在风格上，还是内容上，必然与平台培训的主播和明星直播迥然不同，这必然会吸引平台用户的注意力。

在现有的视频直播行业中，还是有着许多这样的案例存在的，无论是在知名的直播平台上，还是企业自身推出的直播菜单中，都不乏其例。

例如，在某知名直播平台上，就有众多民间高手入驻，通过自身账号平台与千聊Live合作，推出直播节目，这些节目不仅有付费的，还有开通会员即可免费的，可供有着不同需求的用户选择，如图8-12所示。

图8-12　某直播节目

除此之外，还有一些微信公众号或电商运营账号的企业或商家，他们大都是利用自身现有的资源来打造直播节目和内容的。

虽然他们的直播节目可能在直播过程中还存在一些运营方面需要改善的问题，但是他们的直播内容却是根据自身的实践、思考和感悟来写就的，体现出更明显的真实性和趣味性。

另外，还有一些知名的品牌和企业，利用各种平台，通过邀请民间高手或艺术大师等进行直播，也是一种打造趣味直播内容以增加企业和品牌吸引力，从而提升其影响力的方式。

087　CEO亲自上阵

自从直播火热以来，各大网红层出不穷，用户早已对此产生了审美疲劳。而且大部分网红的直播内容没有深度，只是一时火热，并不能给用户带来什么用处。

因此，很多企业使出了让CEO亲自上阵这一招。CEO本身就是一个比较具有吸引力的群体，再加上CEO对产品通常都有专业性的了解，所以CEO亲自上阵直播会让用户对直播有更多的期待。

当然，一个 CEO 想要成为直播内容的领导者，也是需要具备一定的条件的。笔者将其总结为 3 点，如图 8-13 所示。

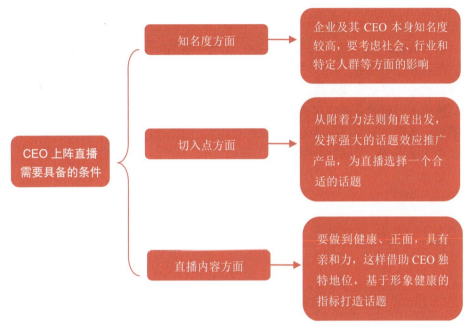

图 8-13　CEO 上阵直播需要具备的条件解读

CEO 上阵固然能使内容更加专业化，可以吸引更多用户关注，但同时也要注意直播中的一些小技巧，让直播内容更加优质。

088　创新直播营销

正如"无边界管理"最终演变成了"没有管理是最好的管理"一样，直播中的"无边界内容"也是一种与传统的内容完全不同的概念。也就是说，它是一种创新性的概念。

概括地说，"无边界内容"的直播营销，就是在直播中完全没有看到任何与产品相关的内容，但是直播所表达出来的概念和主题等却会给用户留下深刻的印象，让受众在接受直播概念和主题的过程中推动它们迅速扩展，最终促成产品的营销。在传统的广告推广中，无边界内容的表现就有经典的、很成功的案例。

"无边界"内容指的是有大胆创意的、不拘一格的营销方式。如今，随着直播营销竞争的加剧,企业在进行直播内容创新时,可以考虑多创造一些"无边界"的内容,吸引人们的注意力。

例如,在淘宝直播中有一家专门卖化妆产品的商家就十分有创意。该商家的直播内容以"春风十里,不如有你"为题,这让人一开始很难想到这家店铺是为了卖化妆品等产品而做的直播。

很多人都以为这是一个日常的直播,没想到后来竟弹出了相关产品的购买链接,而且直播中还讲了一个"对化妆品专一,对你也专一"的故事,不看到产品链接根本无法联想到是化妆品产品的营销。

这样无边界的直播内容更容易被用户接受,而且会悄无声息地激发他们的购买欲望。当然,企业在创造无边界的内容时,一定要设身处地地为用户着想,才能让用户接受你的产品和服务。

第 9 章

直播标题
提高直播间的人气

本章主要介绍了直播间爆款文案标题的取名技巧，为想要直播的运营者提供了多条直播文案标题的命名思路和热门直播间取名的规律，帮助大家快速制作出吸睛文案，以激发用户点击观看直播的兴趣。

089 分享自己经验

很多用户想要进行直播，但是不知道该如何给直播间标题命名。下面笔者将为大家介绍一些直播间标题命名的思路，让大家更好地展现自身的特色。

在生活中，包含经验分享内容的标题特别受用户喜爱，因为用户经常是带有某种目的去观看直播的，他们希望从直播中获取某一方面的经验与诀窍总结。如图 9-1 所示，为某直播的相关界面。从直播标题可以看出，主播是想向用户分享播音知识和经验。

图 9-1　经验分享式标题

需要注意的是，经验式标题下的直播内容，需要具有一定的权威性以及学术性，或者至少经验性较强，当然也可以是主播自身特有经历的分享，或者在个人体验上能够带给大家参考的经历。

090 利用专家权威

所谓的"专家讲解"类标题，是以表达观点为核心的直播间标题形式，一般会在标题上精准到人，会将人名和群体名称放置在标题上，在人名和群体名称的后面会紧接着补充对某件事的观点或看法。

下面就来看几种专家讲解类标题的常用公式，具体内容如下所述。

一类是"某某：xxx"形式，这一类标题通过冒号把直播的主讲人与直播内容隔开，很好地突出显示了直播的重点，同时也让用户可以一眼就明白观点内容，如图 9-2 所示。

图 9-2 "某某:"形式的直播间标题

另一类是对提出观点的人做了水平或其他方面的层级定位的直播标题形式，这其实也可以说是上面所示的基础标题形式的变体。它意在通过提升进行直播的人的层级定位来增加标题观点和直播内容的可信度。

下面以"金牌讲师"为例，对这类观点展示标题进行展示，如图 9-3 所示。这一类标题，给人一种很权威的安全感，很容易获得用户的信任。采用这一类标题所进行的直播也大都和人们关心的某一方面紧密联系，人们在看到自己所关注的某一方面的"金牌讲师"在直播发言或演讲时，往往更愿意观看直播，甚至还会为"金牌讲师"刷礼物，打赏红包。

图 9-3 "金牌讲师"的直播标题展示

091 设置疑惑标题

疑惑自问式直播间标题又称问题式标题、疑问式标题。问题式标题可以算是知识式标题与反问式标题的一种结合,以提问的形式将问题提出来,但用户又可以从提出的问题中知道直播内容是什么。一般来说,问题式标题有 6 种公式,企业只要围绕这 6 种公式撰写问题式标题即可。

第一类是疑问词前置句。

(1)"什么是 ＿＿＿＿＿＿"。
(2)"为什么 ＿＿＿＿＿＿"。
(3)"怎样 ＿＿＿＿＿＿"。
(4)"如何 ＿＿＿＿＿＿"。

第二类是疑问词后置句。

(1)"＿＿＿＿＿＿ 有哪些?"。
(2)"＿＿＿＿＿＿ 有哪些秘诀/技巧"。

下面来欣赏几则问题式标题案例。如图 9-4 所示,为疑问前置式标题。这一类标题通常将疑问词放在最前面,从而引起用户的注意,当用户看见如"为什么、如何、怎样"等一系列词语时也会产生相同的疑问,从而引导用户点开直播寻求答案。

图 9-4 疑问前置式标题案例

如图9-5所示,为疑问后置式标题。这一类标题喜欢将疑问放在标题末尾,引起用户的注意。人们往往对"秘诀""技巧""秘籍"等词汇具有很强的兴趣,用这一系列的词汇会给人普及一些小常识或是小知识,方便人们的生活,人们在面对这一类标题时,也会抱着学习的心理去观看直播,也就增加了直播的点击率。

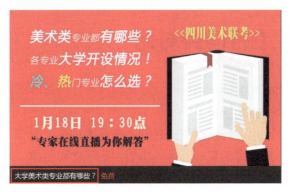

图9-5 疑问后置式标题案例

092 十大总结标题

"十大总结"是指将物品进行十大总结和排名,例如"十大好物推荐""十大撩人小心机""正品牌名牌十大国产""瑞士十大品牌机械表""十大品牌鱼竿手竿日"等直播间标题,如图9-6所示。

图9-6 "十大"直播标题案例

"十大"型标题的主要特点有：传播率广；在网站上容易被转载；容易产生一定的影响力。此外，"十大"一词，代表了是选择和优化之后的结果，留下的内容都是编者已经选择好筛选好之后留下的精华部分，免去了筛选这一复杂过程，这一类标题通常也能带给用户更好的阅读体验。

093 进行同类对比

同类比对型标题是通过与同类产品进行对比，从而来突出自己产品的优势，加深用户对产品的认识和理解。

有一部分同类比对型标题仅仅只是同类产品的一个大盘点，各类产品的优缺点都有所展示，不刻意突出某一产品的功能，不带功利性质，如盘点同一类小吃在不同地区所呈现的味道、盘点某某地景区、盘点中国历史上的勇猛武将、盘点某国漫中的人物之类等。

带有功利性质的同类产品对比则较为明显，将两款不同品牌的产品拿出来做对比，突出某一产品的优点或是突出自身产品的特点。比如不同品牌在同一时期发布的两款手机的性能对比，或者是不同品牌价格相差无几的空调作节能对比，为突出某产品或为贬低某产品。

同类对比的产品，大都有某些相似之处，如价格、性能、特色等，分条逐列地将对比展示出来。比对式标题还可以加入悬念式标题的手法，能更加凸显出标题的特色，吸引消费者的注意力，既用了对比，又有悬念，很符合当代人的口味，如"双强组合 VS 浪肖组合""期待你能来，遗憾你离开""有种差距叫同剧同造型""不比不知道一比吓一跳，颜值再高气场依旧被带偏"等直播间标题。

094 使用借势标题

借势主要是借助热度，以及时下流行的趋势来进行传播，借势型的运用具有9个技巧，在本小节中将一一讲解。

▶ 1. 借助热点

人们总说起热点，那么什么是"热点"呢？

其实关于"热点"一词的解释很多，该词所使用的地方也很多，但本节所讲的"热点"所涉及的范围不是十分宽泛。本节的"热点"就是指在某一时期十分受人关注的事件，它还有一种更为大众和现代的说法，那就是人们非常关注的新闻、事件等，或是特别受人们欢迎的事情也叫作热点。

"热点"最大的特点就是关注的人数众多，所以巧借热点事件或者新闻而写出来的直播标题也就会因为"热点"的关系关注度和浏览量都会上去。那么，"热点"从哪里来，又怎么用到直播间标题当中去呢？

"热点"传播一般来源于各大网络，例如微博、百度、抖音、快手等。"热点"的来源大多来自于国家政策或是社会上发生的具有影响力的事件或者新闻，这些事件或是新闻在民众之中传播比较快，人们耳熟能详，并且时常讨论或是研究。"热点"之所以能被众多人关注，是因为它与国家或人们生活息息相关。

这些热点都与人们的日常生活联系紧密，所以关注的人就会多一些。在撰写直播间标题的时候，借助"热点"事件或是新闻，能在很大程度上吸引关注这些"热点"的粉丝和观众，也能使直播间的曝光率和流量增加。

2. 借助流行

"流行"一词其实是一种社会心理现象。指在某一时刻或时间段以内，人们所接受并付诸行动、语言等上面的某一种观念、行为、事物的发生到结束的一个过程。

简单来说流行就是指某一事物、想法、语言行为等从出现到被众多人接受并广泛运用，直到最后彻底结束的一个过程。流行所包括的范围很广，比如流行语言、流行音乐、流行颜色、流行造型、流行服饰等。

很多直播间的标题当中也经常会借助流行元素，借流行元素来获得让直播间点击率增长的效果，因为某一事物能成为"流行"一定是因为有众多的人参与和模仿，这样才能成为"流行"，如果只是单单的某一部分人，还不能称之为"流行"。

"流行"和"时尚"有着本质上的区别，所谓"时尚"是指在一时间段以内，具有高品位、欣赏性、美感等能给人身心带来巨大愉悦和享受的某一事物。"时尚"是小众范围里的东西，因其具有高品位、欣赏性和美感等特点，所以不太能够拥有众多的"追随者"。

相对于"时尚"的小众来说，"流行"则显得更具包容性和普遍性了。"流行"的事物或者观念一般能涉及大部分人，如流行的音乐，就是大部分人都能够有能力去消费和欣赏的。打个很简单的比方，"时尚"就好比交响乐，而"流行"则是街头小巷人人都能哼唱几句的流行乐。"流行"的事物或者观念有其"流行"的特点，人们总是能够在流行的事物或观念里面，找到某种自身需要的精神或心理上面的慰藉。

借用"流行"的势头来撰写直播间标题，可以充分应用到"流行"这一词所具有的特点和喜欢"流行"的用户所具有的动机，以此来获得直播间流量增加的效果。

在直播间当中出现的流行元素可以是多种多样的，可以借助流行词汇，流行歌词或是当下正在流行的一部电视剧或是电影。借助这些被广大用户所了解和津津乐道的元素，会让直播间的推广变得更为简单，用户在看到这种自己喜欢的事物所写的直播间标题时，便会在直播间的标题当中找到或多或少的归属感。

3. 借助名人

"名人"起先是指在某一领域内有较高威望的人，如军事家、文学家、政治家、艺术家等，有时候也特指在历史上有过重要贡献的人，如"名人名言"当中的名人就特指在历史上有过重要贡献或突出贡献的人所说的话。"名人"在不断的发展过程中，所指的对象也开始发生变化，如今人们口中所说的"名人"，也指明星演员等。

"名人"相对于普通人来说有一定的权威性，人们对名人也往往十分相信。比如某一品牌的手机采用某大火的明星代言，那么这款手机就会因为该"名人"的知名度而销售量剧增。借助"名人"势头在现代社会来说已经是很常见的事情了，众多品牌在打广告的时候都会选择用当时火热的名人代言，从而借助名人的关注度来增加自己品牌或产品的关注度。

这一方法在直播间的标题写作上也一样十分实用。在直播间的标题写作当中借助"名人"的势头可以大大加强直播间的权威性，人们在看到这样的标题时，会觉得这种标题下面所写的内容一定是"有道理"的。

比如，某直播间标题之中出现名人的相关信息，这个直播间的点击量就会很高，这也就是所谓的"名人效应"。如图9-7所示，为薇娅2020年感恩节直播的宣传画面，可以看到，其感恩节直播就是借助名人来增强直播的影响力的。

借助"名人"势头的标题一般可分为两类，一类是标题之中直接用"名人"名字的，直接将某"名人"的姓名放在标题之中，能大大增强用户的观看欲望；另外一种是用"名人"作为嘉宾，将名人作为直播嘉宾参与直播。

4. 借助"牛人"

"牛人"一词是网络用语，多指做出一些令人意想不到的十分厉害的事情的人，一般指对一个人的敬佩和赞叹，现在也把在某一领域做得尤其出彩的人叫作"牛人"。现在流行的一句话叫"高手在民间"，所谓"高手"也就是指这些"牛人"了。

"牛人"大都身怀绝技，所以当一篇直播文案的标题当中出现了"牛人"一词时，用户便会点击观看。

从草根到"牛人"这是众多人都向往的，当然"牛人"也有不同，有些"牛人"通过自己的努力成为某些领域顶尖的人物;当人们再想到这样的"牛人"时也想着看看这样的"牛人"身上有哪些是值得"我"去学习和借鉴的?比如,像这种在某个领域已经做出傲人成绩的"牛人",如马云、马化腾、雷军等。

图9-7 利用名人的直播

还有一类就是普通人,但也因为在某一领域的出色表现而被人所熟知,这样的"牛人"可能是通过某节目,或是有人将其"绝技"拍摄下来上传到网上而被人所熟知,当用户看到这种标题的时候,通常会点击查看这个"牛人"到底哪里"牛",是如何变"牛"的?如果直播间的用户认可该"牛人"的能力,他们会迅速关注该主播,并在直播间评论区感叹"牛人"的厉害之处;如果他们对他的能力有争议,也能引起热议,吸引其他用户围观。

5. 整合热点

主播在撰写直播间标题的时候,光关注"热点"是不够的,还要整合"热点"。什么是"整合热点"呢?就是将零散的"热点"都收集归纳出来,并进行合理的衔接,从而帮助人们更好地信息共享和协调工作。

直播间的标题撰写如果只是对一个"热点"的整合是不行的,还要提炼出相对于"热点"更多的东西。就如同有一个出题者给你一堆散落在各个角落的数字拼图一样,你要做的工作并不仅仅是将这些散落的小零件收集起来,也不是将它们随意拼在一起就好了,而是要将它们有序地拼好才算完成任务。这个"有序拼好"的结果早已经和出题者叫你"收集散落的小零件"时的意图不一样了,既在意料之中,但刚开始有可能想不到这么多。

在直播间当中的"整合热点相关资料"就是像"拼图"这样的一个过程,当你看到整合出来的东西时你会觉得是在意料之中的,但在别人没有整合出来的时候,你并不一定能想到那么多,这也是部分和整体的区别。

6. 热点答疑

"热点"的特点是关注度高和关注人数众多,所以如果主播在撰写直播间的标题时,在标题当中涉及某"热点"的话题,就会让这一篇直播文案获得极高的关注度,这是之前所说的标题借助"热点"的势头。

在现实生活当中,某一"热点"的突然袭来,用户们大都只是跟风关注,其实用户并不知道这个"热点"真正所讲的到底是什么、有什么利害关系或是发展前景、对自己的工作或是生活有没有影响等方面的情况,并不十分了解和清楚,所以主播在撰写直播间标题的时候,如果是对"热点"进行答疑解惑,则会让更多关注这一"热点"的用户产生兴趣。

了解这一"热点"的用户会想要更加深入地了解这一"热点"的实质内涵或发展方向,而不是很了解这一"热点"的用户在看到这一类对"热点"进行答疑解惑的标题时,会想要清楚地了解这一"热点"到底是怎么回事?

7. 制定方案

所谓"方案",就是对某一工作或是某一问题所制订的计划。在直播间的标题撰写当中,用方案借势是十分有效的打造品牌或者推广品牌的方式了。在大品牌当中运用方案借势效果是尤其明显的,自己制作方案为自己的品牌或产品造势。

大品牌用方案造势的例子很多,比如现在所熟知的"双 11 购物狂欢节",就是阿里巴巴集团联合各大电商平台,包括天猫、苏宁易购制定的一个十分成功的营销方案。还有"520 告白节""京东 618"等活动,都是平台造势的案例。

8. 情绪带动

人们常说的情绪包括喜、怒、哀、惊、惧等常见的普遍情绪以外,还包括一些经常接触但是总是容易被忽略的情绪,如自豪、羞愧、歉疚、骄傲等。

大部分人很容易被某一种情绪所左右,尤其是人们十分关注的事情或者话题,更容易调动用户的情绪,比如"五月二十号"期间,借助"告白"的势头所进行的有关"告白"的直播间,就很容易调动用户或观众的情绪。

这也就告诉主播在撰写标题的时候,要学会借助某一热门事件或者人们十分关注的事件,从情绪上调动用户观看的积极性。学会用带有能调动用户情绪的热点话题,就能很大程度上吸引观众的注意力和眼球。

在标题当中所体现出来的情绪,要让用户能够深刻感受到,所以借助人们都十分关注的事件,或者某一热门的势头,撰写引导用户情绪的标题,不论是自豪的、高兴的、悲伤的都能让用户在标题当中体会到。

9. 图片吸引

现在的直播间早已经离不开封面的配合了，用图片的方式展示内容有一种很直观的方式，那就是用户的阅读感受会比光看文字更加强烈和直观。

在文案的标题里面，加入如"一张图片告诉你"这样的话语，再加上对直播间内容里面图片的专业性概括，不仅能让用户知道内容是以图片的方式呈现出来的，还能知道图片的内容大致是什么，也会让用户乐于点击直播间查看。最常见的有美妆产品直播带货图片，用妆前妆后照片进行对比，从而突出该产品的美白或护肤效果，促成产品的成交率。

▶ 095 使用流行词汇

流行词汇型直播间标题，就是将网上比较流行性的词汇、短语、句子（如"我不要你觉得，我要我觉得""我太难/南了""硬核""柠檬精""淡黄的长裙"等）嵌入直播间标题中，让用户一看就觉得十分有新意，很搞笑很奇特。

这种网络流行词汇常常被运用在微信朋友圈、微博中。因这一类网络流行语传播起来速度极快，读起来不仅诙谐幽默又朗朗上口，在直播文案的撰写中也经常被使用，十分夺人眼球。如图 9-8 所示，为流行词汇直播文案标题的案例。

流行词汇的运用紧跟时代潮流又充满创意，有夺人眼球的吸睛效果，用户们十分乐意去点击这一类型的直播间。

图 9-8　流行词汇直播文案标题的案例

096 使用文学手法

所谓语言型，即利用修辞表达优化标题的语言，在直播间的直播上也可以运用。具体来说，优化语言主要有 8 种方法，具体请看以下分析。

1. 进行比喻

比喻，是一种修辞手法。何为比喻？其实就是用与 A 有相似之处或者共同点的 B 来形容 A，从而达到让人们认识或感受 A 的目的。

比喻的种类看似很多，但在日常生活中经常用到的却不是很多，在生活中最常用的三种比喻类型就是明喻、暗喻、借喻。

（1）明喻又叫直喻，指很直接就能看出是比喻句的，比如"像……""如……""仿佛……"等，这一类就十分简单，也是最常见到的。

（2）暗喻又叫隐喻，指在一个比喻句中，出现的比喻词也不是平时常见的，而是"是……""成了……"等，比如"这一刻，我在草原上奔跑，于是，我也成了那头敏捷的小鹿"，这里面的"成了"就是喻词，把"我"比作"小鹿"。

（3）借喻，相对其他种类的比喻句来说，借喻是比较高级的比喻形式，它的句子成分看不出明显的本体、喻体和喻词，而是通过本体和喻体及其亲密的联系来获得比喻的效果的，比如"那星光，也碎做泡沫，在海中散开"。

在直播间内的直播中出现的"比喻式"标题所用到的比喻技巧，也无须像文学里面那样精致巧妙，直播间当中的比喻，重在让用户看懂、感兴趣。

直播间"比喻式"标题，可以让用户在看到标题之后，对标题里面所涉及的东西有豁然开朗的感觉。用到这一修辞技巧，也是要给用户制造一点不一样的观看感受，给用户的观看增加一点乐趣。在"比喻式"直播间标题当中要注意比喻是否适用于这一直播间的内容，还要注意比喻元素的齐全性。

2. 事物拟人

拟人，是将"非人"的事物人格化，使它们具有人的特点，比如具有人的感情、动作、思想等。拟人在文学上来说，是一种修辞手法，将本不是人的事物变成像人一样。

就文学层面来说，运用拟人的写作手法，可以让描写的事物更加生动直观和具体，也更能让用户觉得亲切。基于此，把拟人这一修辞格运用在直播间的标题和直播文案的撰写上不失为一种好的创作方法。

"拟人"这一修辞手法在写作过程中还可分为不同的种类，所以要注意根据不同的种类来对所写的内容进行"拟人化"。

3. 标题对偶

"对偶"也被称为对仗，指的是句子字数相等，意义相似，对仗工整的一句话或者是几句话，最常见的对偶是两句话。这样的句子通常前后联系十分紧密，不可分割。对偶在文学上面经常用到，对偶的恰当运用能够让句子结构更加富有层次，更有韵味，也更能吸引人的注意力。对偶之所以在很多地方被运用，是因为采用对偶的形式还会让句子变得更加凝练精巧，让人读起来朗朗上口。

对偶式标题前后句相互映衬，相互作用，不可分割。直播间的标题采用对偶的方式，也会让标题具有节奏感强、易于记忆等特点，同时也能让标题更容易传播和推广，从而达到扩大标题的影响力的目的。

运用在直播间标题当中的对偶，一般只有两句话。如果句子太多太长，一方面会受到标题字数的限制，另一方面也会给用户带去不好的阅读体验，容易使用户产生视觉疲劳，所以，主播在撰写"对偶式"直播间标题的时候，最好就只有两句，字数也要尽量精简，这样才能给用户一种比较好的视觉感受和观看体验。

4. 用谐音梗

谐音就是指拿同音不同字，或者是读音相近但意思不同的字或者词来形容某一物的一种修辞手法，经常被应用于文学之中，以获得出其不意的效果。

在直播间的标题当中，如果采用谐音式，会让内容更加富有意趣，比如某理发店的名字为"一剪美"，其实就是"一剪梅"的谐音，既很有诗意，又巧妙地展示了理发店的优势；某品牌的蚊香在打广告时，用了"默默无蚊"，其实就是"默默无闻"的谐音，这一谐音的使用不仅让观众知道了这是一款蚊香的广告，还能让观众明白这一品牌蚊香的好处——没有太大气味就能让蚊子消失。另外在进行直播带货时，也可以适度使用谐音梗。

主播在撰写直播间标题的时候，采用谐音式标题就能大大提高标题的关注度。用户在看到这样带有谐音的标题时，不仅会觉得十分有趣，又能理解主播想要表达的意思。特别是精练式的谐音标题，更容易被人记住和被人传播。

5. 利用幽默

幽默，简单来说就是让人开怀大笑的意思。但"幽默"一词与单纯的搞笑又有很大的不同，幽默当中的搞笑，让人在发笑的同时，又能让用户感受到主播想要表达的字面以外的意思。

幽默式标题通常以出其不意的想象和智慧让用户忍俊不禁，在使直播间标题吸引人的同时，还能让人印象深刻发人深省，激发用户观看直播间的兴趣。在直播间的标题当中，使用幽默式标题，不仅能够让用户会心一笑，还能让用户在笑过之后理解主播话里更深层的意思，达到主播预期的目的。

6. 合理用典

在直播中运用历史故事尤其是历史典故，能够让直播间变得更加出彩。所采用的历史人物或者故事也大都是家喻户晓或者知名度比较高的，因而推广起来不会有难度。尤其是在视频广告之中，历史人物或者故事的运用更是不胜枚举。运用历史故事来推广或宣传某品牌能起到"水中着盐，饮水乃知盐味"的作用。

在直播间的标题写作当中，恰当地运用历史典故，能使主播所讲的言论都有历史为根据，这样一来，更增强了主播的可信度。

在直播间的标题当中，恰当地应用典故，能让标题获得十分具有说服力和引人注目的效果，并且人们都爱听故事、看故事。虽然直播间标题里面的典故，都是人们已经很熟悉的了，但又有所创新，因此可以再次吸引用户的目光。另外要想把典故与直播间产品更好地结合起来，首先还是应该学会怎样选择典故。

主播在撰写标题的时候，恰当引用合适的典故，能够使标题更富有历史趣味性，用户在咀嚼历史的时候，又能从中得出更多的内涵。值得注意的是，在直播间标题当中出现的历史典故应当是大部分人都耳熟能详的，这样才能起到大面积推广和传播的作用。

7. 灵活运用

"灵活运用"并不是直接引用别人的话语、对别人的东西照抄照搬，或者是强行引用名家诗句或典故。将根本没有关联的两个事物，硬要凑到一起反而会惹来不少笑话。在历史上像这种生搬硬套的事例数不胜数，如"东施效颦""照猫画虎""削足适履"等，所说的都是对别人的东西照抄照搬，不切合自身实际。

在直播间的标题撰写当中，主播不能将与文案内容毫无联系的名家诗词或者典故，直接套用到文案标题当中去，如果直接套用毫无联系的诗词典故，只会让用户觉得主播的水平以及知识涵养都很低，同时也会造成牛头不对马嘴的后果。

主播在撰写引用诗词典故的时候，就应当注意正确引用。不论是引用的诗词，还是典故，都要切记要与直播所讲的内容有联系。

8. 多种引用

在引用诗词典故的直播当中，引用方法并不是单一的。主播在撰写引用诗词典故的直播间标题的时候，要学会用多种方式来引用，从而使自己的标题形势更加多样化，也能让直播获得更好的效果。这种引用既可以直接引用诗词典故，也可以加工后再引用，或者不改其意而诠释标题，就是指不改变直播间标题里所引用的诗词典故的意思，而让它对直播内容起到一种诠释的作用。

097 使用热词标题

笔者要说明的是，直播间运营者在写直播间标题的时候，仅仅注重钻研标题的形式是远远不够的，还要学会如何在标题中嵌入相关关键词，从而提升直播间的点击量和曝光率。那么，在直播文案标题中可以插入哪些关键词呢？下面笔者就来分别进行说明。

1. "免费"

"免费"一词在直播间标题的打造中起着不可忽视的作用，在标题中适当且准确地加入"免费"一词，可以很好地吸引用户关注，如图9-9所示。

在直播间的命题当中，虽然说"天下没有免费的午餐"，但是"免费"一词可以很好地抓住用户的某种心理。也就是说，当用户在看到标有"免费"一词的标题时，往往会自觉地想去查看是什么东西免费和它的免费程度，从而来吸引用户点击和进入直播间。

图9-9 加入"免费"一词的直播文案标题案例

说是"免费"其实并不代表就是真正意义上的免费，"免费"一词出现在直播间的标题里也只是一个噱头，目的就是吸引用户的注意力，从而达到商家或文案主播的目的。在商业营销里面，"免费"这一个词也有着十分广泛的应用，但它在"商业战场"上有一个特定的专业名词——"免费式营销"。直播间的标题之中加入"免费"实质上也是一种"免费式营销"。

"免费式营销"是一种基于消费者心理而提出的市场营销策略。相对于用钱来说，消费者们更喜欢不要钱也能得到的东西，这个理念的提出也正是抓住了消费者的这一心理，可谓"对症下药"。

在这一理念中，"免费式营销"并不是真正的免费，这种营销理念的实质其实是小投入大回报的"钓鱼"营销理念，它的操作方式就像人们在日常生活中钓鱼一样，主播只需要在钓鱼的时候付出一小条鱼饵作为代价，便能收获一条或几条鱼的回报，而且这一方法和措施可以无限循环使用。"免费式营销"的最终目的就是要让消费者持续购买，这也是市场营销当中很常见的方法。

那么"免费式营销"又是如何在市场营销这片大的红海之中独树一帜的呢？在现代生活之中，商业战场的厮杀十分惨烈，要想在商业战场里面获得较多的消费者，就不能仅仅想着商家自己了，还要从可持续上面来下功夫。换言之，就是要提高消费者的购买率。

"免费式营销"就很好地做到了这一点，它的实际操作也十分简单。透过对"免费式营销"的一系列分析，也可以看出"免费"一词已经不需要再大肆宣传了，也就方便了直播间的宣传。

2. "全新" "最新发布"

"全新"和"最新发布"皆有表示发生了改变的意思，这两个词汇放在直播间的标题当中，都能让用户对直播内容产生新鲜感。

"全新"的意思就是与之前相比发生了天翻地覆的变化，和之前的完全不一样了。这一类标题所体现的内容一般都是经过一段时间的蛰伏或是消失了一段时间之后的重新回归。带有"全新"一词的标题多指某产品的重新面世，所针对的用户大部分是以前的老用户。通过对之前产品加以完善和优化，然后进行产品宣传，也能在很大一定程度上吸引新的用户进行尝试。

"最新发布"也是代表某一产品的公布，给人的感觉较为正式。"最新发布"一词代表了消息具有很强的时效性。从用户的心理上来研究，人往往喜欢在某些事上做第一个知道的人，然后去给别人分享，这就是人所谓的"存在感"。许多电子产品都会利用"最新发布"进行直播。

3. "清库存" "最后"

在电商直播中，常常会利用"清库存"一词进行直播，如图9-10所示。给人一种时间上的紧迫感，如同过时不候，促使用户赶紧点击以免错过。

"最后"一词在直播间的标题当中有着警示提醒的作用，当用户看到"最后"一词时，有一种想要赶紧进入直播间，否则就会没有了的感觉。如图9-11所示，为加入"最后"词汇的直播间。

第9章 直播标题 提高直播间的人气

图 9-10 加入"清库存"一词的直播文案标题案例

图 9-11 加入"最后"一词的直播文案标题案例

4. "现在""从今天开始"

在直播间标题当中,"现在"和"从今天开始"均代表一个时间节点,这类标题所讲的内容也是在这个时间节点之后才发生的事情。

"现在"是一个现在进行时态的词语,它表示当下的这一刻,也可以是指当下的一段时间。当这一词汇出现在直播间的标题当中时,就表示了所写的内容是贴近用户的生活和现在时期的,人们所关注的大都是自己身边或是这段时期内所发生的与自身息息相关的事情,当看见标题当中有"现在"一词,用户就会点开去看看自己身边或这段时间发生了哪些事情。

"从今天开始"表示的是一个时间节点,从今天往未来的很长一段时间里以今天作为界限。强调突出"今天"和"开始",代表一个目标、政策和项目等将在"今天"开始变化或行动。

5. "这"指相性词汇

"这""这些"和"这里有"都是指向性非常明确的关键词,在直播间标题当中运用恰当,对一个直播间的点击率影响巨大,如图 9-12 所示。

在撰写直播间标题的时候,光抛出一件事情或一句话有时候是不够的,用户有时候也需要引导和给出一些简单明了的指示,这个时候,在标题中切入"这""这些"就显得十分有必要了。

这两个词在标题里的应用原理也很简单,举个例子,比如有人告诉你某个地方正在发生一件很奇怪的事情,当你想知道到底是什么奇怪的事情时,他只跟你说在哪里发生的,却不将这件事情仔细地讲给你听,最终你还是会自己去看看到底是什么奇怪的事情。这一类带有"这""这些"的标题就是以这样的方式来吸引用户的。

图 9-12　加入"这"一词的直播文案标题案例

在直播间之中切入"这里有"的目的性也很明确,就是在告诉用户这里有你想知道的内容,或者这里有你必须知道的内容,从而让用户点击直播间。

这一类标题大都是采用自问自答又或者是传统式的叫喊，比如"这里有你想要的气质美""大码爆款T恤这都有""这个直播间有1元福利"之类的。这种标题无须太多技巧，只需适时适地地知道用户想要的是什么就可以了，避免了其他形式标题的弯弯绕绕，又不会出太大的差错。

这种类型的标题相对于其他类型来说，更简单清楚直接，用户在看到直播间标题时对直播内容有了一定的了解，也能让对标题里所提到的信息点感兴趣的用户进入直播间，从而提高直播间的点击率。

6. "怎样""哪一个"

"怎样"和"哪一个"都具有选择和征求意见建议的意思，这两个词汇出现在直播间的标题当中时，也给了用户一个选择，让用户参与到直播当中来，从而获得主播与用户之间互动的效果。

"怎样"一词在标题撰写当中一般有两种意思，一种是指怎么解决，讲的是方式方法，展示的内容是要帮助用户解决生活或工作当中的某一种较为普遍的问题，为用户出谋划策；一种是主播讲述一件事，征求意见和建议。

当它以方式方法的意思出现时，人们关注的也就是解决问题的方法；当它以征求意见的意思出现时，表现了主播对用户的一种尊重，用户的直播体验会大大提高。当然，对于"怎样"的运用不能仅仅只局限于它的某一种意思和功能，要根据直播内容灵活运用。

"哪一个"在直播间的标题当中出现时，就代表了一种选择，它比"怎样"一词所表示的选择性更为明确和直观。带这一关键词的直播间标题其实在无形之中就与用户产生了互动，有了互动才能极大地调动用户的积极性，让用户更愿意参与到阅读和互动当中来。例如"想让我介绍哪一款呢""喜欢哪款鞋跟主播说""这么穿，哪里显胖""办公本游戏本哪款更合适"等。

7. "你是否""你能否"

"你是否"和"你能否"同属于疑问句式，在标题中出现代表了对用户的提问，这一类标题更加注重与用户的互动。

"你是否"这一关键词的意思就是"你是不是这样？"，是对用户现状的一种展示。这样的标题出现在用户面前时，用户会下意识地把标题当中的问题带入自己身上，进而开始反思。再加入用户的提醒，让用户联系到自己身上，不论是用户自身有没有标题里所提及的问题，用户都会下意识地去看看，就像星座，尽管很多人并不相信，但看到自己的星座解析出现的时候，都会下意识地去查看。

"你能否"这一关键词的意思就是"你能不能这样？"，通常是在问用户能不能做到像直播间标题里说的那样，是对用户能力或是未来状况的一种关切或预测。这一种标题通常能给用户一种指示或灵感，让用户能够去发现标题当中所涉及的能力或者趋势。

这一种标题通常能够让用户了解到自己是否具备标题当中所说的某一种能力，或是有没有把握住标题所涉及的趋势。这样的标题之所以能吸引用户关注，是因为它在问用户的同时又能让用户反思自己，既能获得信息，又能让自己进入有所收获的直播间。例如，"你是否有便秘""秀发问题是否有困扰""你是否被偷拍跟踪过""你的面膜是否适合你"等直播间标题便属于此类。

▶ 098 使用数字标题

数字的展示会给人更直观的感受，并且准确的数字会增强内容的说服力，数字的利用主要具有 11 种方式，下面笔者将进行汇总归纳。

在直播间标题的撰写当中，采用数字型标题会更加吸引用户的眼球，因为数字是一种很简单的文字，它既没有复杂的声调，读起来也不拗口。

就数字本身而言，它的读音和书写都是十分简单的，普及面又十分广，甚至达到全球通用，这也就表明，如果一个直播间的标题当中出现了一个数字，也会第一时间引起用户的关注。

如今的时代是一个"数字"型时代，任何事情都能和数字挂钩，人们的日常生活也都离不开数字，所以将数字加入直播间标题，是一个很好的吸引用户的方法。用户在观看直播间的时候，一般希望能够不费太多心力就能简单清楚地看懂直播间到底说的是什么，这个时候将数字放入标题当中，就能很好地解决用户的这一问题。

➔ 1. 利用人数

主播在撰写直播间标题的时候，加入表示"人"的数量词，就可以很好地吸引用户的目光，引起用户的重视和注意，可以让用户准确地知道和了解这一直播间里面到底说的是什么，有多少人，而往往越是简单、清楚和拿数据说话的标题越能引起用户的注意。

➔ 2. 利用钱数

在生活中，有很多东西是随时随地都能引起人们的关注的，不管大小或是多少都能被人们注意到，甚至津津乐道，就如"钱"这一字眼。

"钱"在人们的日常生活里扮演着十分重要的角色，是人们生活工作都离不开的重要组成部分，俗话说"无钱寸步难行"，虽然这句话从一定层面来看有点偏激，但不得不承认"钱"在生活中所扮演的角色是多么重要和不可缺少。有关于"钱"的信息一般很容易被人发觉到，这一敏感的字眼不管出现在哪里都能吸引人们的视线，受到人们的关注。

像这样带有"钱"的数量的数字型标题在直播间的标题撰写当中是十分常见的。一般说来，能让人通过标题对直播间产生好奇心的表示"钱"的数量的标题有两种，具体如下所述。

（1）如果"钱"的数额对于普通人来说尤其巨大，他们就会忍不住对这个天文数字一般的金钱数量感兴趣；

（2）如果"钱"的数额对于普通人来说很小，普通人看到这种金额比较小的标题的时候就会产生兴趣。

像这样的数额巨大和数额极小的两种极端的存在，在引起用户震惊的同时也就激发了用户的好奇心。用户在看到这种标题的时候就想去查看关于标题中所出现的"钱"的具体情况。

其实，表示"钱"的数量的直播间其标题还有一种呈现方式，那就是大数额与小数额同时出现在标题里面作对比。这种直播间的标题相比于那种只有单单的一个金额的标题有了更强烈的对比，从而更能给用户带来一种视觉和心理上的冲击。

3. 其他数量

直播间标题当中的数量，除了表示人或者钱以外，其他东西的表达也离不开数量的运用，比如"几百吨水""几本书""两三瓶颜料""一碗饭"等这样很多的"物"也需要用数量来表达。

人们的日常生活离不开数量的应用，就算最原始的"结绳记事"也是对数量的运用，所以，除了很多特定的需要量化的事物，如时间、金钱等以外，很多的"物"也是需要用到的。

在直播间标题上，思考的范围和题材都是非常广泛的，不仅仅只是表示"人""年""天"等这些比较特别的单位名词的时候，才会用到数量。这也就要求直播间主播在撰写直播间标题时，要合理地使用"物"的数量表示方法来吸引用户的注意。因为日常生活中所涉及的"物"很多，所以这一类直播间标题在材料上是无须太过担心的。

例如利用日常生活当中常见的物品，又或是用户们想要了解却又不了解的东西。契合用户常关注的目标事物——人们往往关注的也就是生活中常见，或是自己还不知道的东西。将这些用户们感兴趣，或者主播有意让用户们感兴趣的"物"，用醒目的数字表现出来，避免了用户自己还要去找寻或是归纳的这一个复杂的过程，能让用户更愿意去点击直播间。

4. 利用年数

"年"相对于其他表示时间单位来说算得上是比较长的了,人们每一天都在跟时间打交道,自然也就离不开对时间的数量化了。

"年"对于人来说就是一个经常提到的时间单位。"年"所表示的时间长短,在部分人心里是很长的,但在一部分人心里有时很短。其实"年"的时间长短是没有太大变化的,这也就表明了不同的用户在看待同一计量的"年"这一时间单位来说,感受也是不一样的。

其实在直播间标题当中出现的"年",从直观上有表示时间长短的意思,但这一个"年"在标题里面出现,有时候又不仅仅只是表示时间的长短,还能表示超出时间之外的含义。

"年"在直播间标题当中的计量除了能表示时间长短以外,还能表现出一个品牌或者是一个人的坚持或优质。所以,在直播间当中出现的表示"年"的计量的数字,也有很多方面的意思。

5. 利用月数

"月"在表示时间的时候就是一个计时单位。一年可分为12个月,是人们对于"年"这个稍微有点长的时间单位的细分。如果说"年"所表示的时间长,那么"月"所表示的时间相对于"年"来说就要短很多了,所以在直播间的标题当中出现表示"月"的计量也就表示所说的东西所经历的时间是比较短的。像这一类的标题一般所涉及的内容多是人们想要快速解决的"难题",所以用"月"来计量的话,会让用户看上去觉得这一"难题"能够在短期内解决,这样一来,用户就会去点击直播间查看这一"难题"的解决办法了。

在直播间的标题之中有用"月"计量的时候,通常所表示的就是短时间里面能看到比较大的效果,只有这样有对比性的标题才能在更大程度上吸引用户的注意力,激起用户观看直播间内容的兴趣。

6. 利用天数

"天"在表示时间的时候,指的是一昼夜,随着人们思想观念发生的变化,"天"又主要表示白天,比如"昨天""今天""明天""后天"等。

"天"是对"月"的细化,可以将一个月划分为28天到31天不等,细化了"月"这一时间计量单位也就代表时间单位被划分得更清楚、更简单了。

正因为"天"是"月"的细分,所以"天"相对于"月"来说所代表的时间就更短。在"事间就是金钱"的现代化社会,人们也更喜欢在更短的时间以内就完成某一件事情。"天"所代表的时间就比"月"短,也是日常生活当中人们用得比较多的时间计量单位。如果一篇直播间的标题里面出现了"XX天"这样的字眼的话,除了"天"前面的数字能清晰地引起用户的关注以外,"天"这一时间单位给用户视觉所带来的感受也不容忽视。

7. 利用小时

"小时"作为时间计量单位的时候,它将"天"这一时间计量单位划分为24个小时,是人们对于时间的又一次细分。

"小时"这一时间计量单位相对于"天"来说显得更快,当"小时"出现在某一标题当中的时候,一方面会让人觉得时间颇为长久。比如"72小时锁水!月里嫦娥"这一标题当中所出现的"72小时"所表示的时间就给人的感觉很长,这是因为在精华的保湿时间上,72个小时其实是很长的。

还有另外一方面就是"小时"所表示的时间很短,比如"两小时鲜制当季时蔬"这一直播间标题所出现的"两小时"所表示的时间其实就是很短的了。同样是"小时",但所表达的意思是不一样的。

在直播间的标题撰写中,涉及表"小时"计量的时候,常常使用的方式有两种,一种是单个表示时间的,就是标题里面出现了标题所讲的某一件事情,而没有对比。

另外一种就是将两种事物通过一种对比换算的"时间"联系在一起,将两种本来关联性不是很强的事物联系在一起做对比,有了对比性,也就更能给用户带去一种直观的感受。

8. 利用分钟

"分钟"是一种相对来说很小的时间计量单位,它是对"小时"的细分,将"1小时"细分为"60分钟"。在时间的长短上面来说,同样单位的"分钟"相对于同一单位的"小时"来说,在时间长度上来说要短很多。

在直播间的标题撰写中,也会经常涉及"分钟"的计量单位。因为"分钟"所表示的时间往往比较短,但又不至于太过短暂。这种带有"分钟"的标题,会带给用户一种"无须耗费太多时间,就能清楚地了解直播间内容"的感觉。例如,标题为"几分钟看完各种美国大片"的直播,就能快速、高效地传达直播内容,吸引用户查看。

9. 精确到秒

"秒"作为时间单位的时候,是国际通用的时间计量单位,"秒"是"分"的细分,"1分钟"等于"60秒"。在直播间的标题里面,如果出现了表"秒"的计量,则表示标题所出现的事物的完成速度会很快,因为"秒"本身所代表的单位时间长度就很短,所以在讲究快节奏、高效率的现代社会,这样的标题对于用户,尤其是赶时间的用户,是一种很好的点击选择。

10. 用百分比

"%"也就是百分号,指的是将某一整体划分为 100 份,再看看这些被划分了的小部分在这整体的 100 份之中所占的比例的大小。现实生活中常用到的占比情况,在大部分情况下都是用"%"来表示的。

"%"所表示的是一个比率,可以很直观地表示出所涉及事物大致有多少。因此,在直播间的标题撰写当中,如果出现了"%"这一表示占比的符号,会让用户很容易注意到这一标题。

对于直播间的主播来说,将这一符号放入标题之中是有益的,因为众多的有关数据的事情是很难得到一个十分准确的数据的,所以对于不知道确切数据的情况之下,用百分比来表达会更稳妥,也不容易出错。例如标题为"无水配方 89% 芦荟汁"的直播间,就是利用百分比命名的。

人本身就对数字类的东西较为敏感,再加上百分号所表示的是一个比例或概率的计算和出现,能让用户看到大致的情况的同时,也是一个事情程度大小的表现;另一方面,也让用户想要看看这百分率里面所涉及的东西,自己有没有与之相关。

很多这种直播间中表"%"程度的标题,凡涉及一定比例的"人"的话,大部分用户都会自动把自己代入到标题所说的事情里去,然后将直播间内容与自身进行对比,看看自己是否存在标题里说的那种情况,进而找到解决办法。

11. 成倍表达

"倍"在表示程度的时候代表的是"倍数"的意思。在直播间的文案标题撰写当中出现的"倍"往往都有一个对比的对象,相比某一事物,有所增长或是下降。

"倍"的出现相对于几组单纯的数据来说,能说明的问题更加直接,比如"某学校今年招生人数是去年 3 倍",在这一句话里,就可以很直观地看出增长的程度。用户往往更喜欢看直观的东西,有数据就将数据展现出来,增长多少就用倍数表示,尽量减少用户去搜集资料或计算的过程,这也能够在一定程度上优化用户的观看体验。

"倍"所呈现出来的东西更加直观,直接告诉用户增长的幅度大小,像这样的标题也能让对比效果更加显著,也更利于用户观看。其实像这样的表"倍"的程度的直播间标题在生活中并不少见。凡是涉及有对比的数据升降大都会采用"倍"来表示其增长幅度大小,不管刚开始的基数是多少,每一倍的增加都是"滚雪球"一般增加的,所以数据甚至不需要看就能知道一定是可观的。

如图 9-13 所示,一般这一类标题也是用数字引起用户的注意,再用"倍"这个表程度的词来增强用户的震惊程度,用户只要开始对这一数据觉得震惊或是不可思议时,就已经是对这一标题感兴趣了,自然也就会点击直播间的内容了。

图9-13 含有倍数的直播标题

第 10 章

带货话术
激发消费者购买欲望

本章主要介绍直播带货中的带货技巧，分别从提高直播的表达能力、掌握聊天技巧、了解销售语言、策划直播方案、了解推销话术等角度进行阐述。主播可以从本章内容中学习一些实用的带货技巧，增强自己的带货能力，提高直播间的成交率。

099 提高表达能力

直播最大的特点之一是具有较强的互动性,因此在直播过程中,主持人或者主播的语言表达能力对直播间的影响很大,那么如何培养和提高其语言表达能力呢?下面笔者就来为大家回答这个问题。

1. 多方提高,语言能力

在直播过程中,主播的个人语言表达能力将在一定程度上影响其带货能力。那么,主播该如何在直播中提高个人表达能力?笔者认为,主播们可以重点做好以下5个方面的工作。

1)注意语句表达

在语句的表达上,首先,主播需要注意话语的停顿,把握好节奏;其次,语言表达应该连贯,自然流畅。如果不够清晰可能会在用户接收信息时造成误解;最后,可以在规范用语上发展个人特色,形成个性化与规范化的统一。

总体来说,主播的语言表达需要具有这些特点:规范性、分寸感、感染性和亲切感,具体分析如图10-1所示。

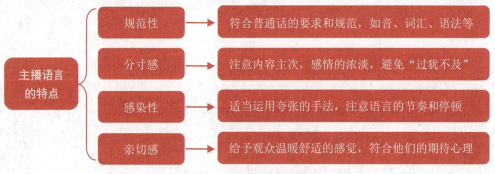

图 10-1　主播语言的特点

2)结合肢体语言

单一的话语可能不足以表达主播的情感,因此主播可以借助动作和表情进行辅助表达,尤其是眼神的交流和夸张的动作,可以使语言更具张力。

3)自身知识积累

主播可以在线下注重自身修养的提高,通过广泛阅读来增加自身的知识积累。大量阅读可以提高一个人的逻辑思维能力以及语言组织能力,进而帮助主播更好地进行语言表达。

4）进行有效倾听

倾听是一个人最美好的品质之一，同时也是主播必须具备的素质。主播和粉丝聊天谈心，除了会说，还要懂得用心聆听。在主播和用户交流沟通的互动过程中，虽然表面上看来是主播占主导，但实际上还是以用户为主。用户之所以愿意看直播，就是因为在直播间可以与自己感兴趣的人进行互动。主播要想了解用户关心什么、想要讨论什么话题，就一定要认真倾听用户的心声和反馈。

通常来说，用户在观看直播的过程中都会通过发评论的方式来与主播进行沟通。此时，主播便可以通过留意评论区，注意倾听用户的心声。如果用户有什么疑问，便可以在第一时间回复。如图 10-2 所示，为两个直播间的相关画面，可以看到在这两个直播间中，用户便通过发评论的方式进行了提问。

图 10-2　用户通过发评论进行提问

5）注意把握时机

良好的语言能力需要主播选对说话的时机。每一个主播在表达自己的见解之前，都必须把握好用户的心理状态。

比如，对方是否愿意接收这个信息？又或者对方是否准备听你讲这个事情？如果主播丝毫不顾及用户的心理，不会把握说话的时机，那么只会事倍功半，甚至做无用功。但只要选择好了时机，那么让粉丝接受你的意见就会变得更容易了。比如，一个主播在购物节的时候跟用户推销自己的产品，并承诺给用户折扣，那么用户在这个时候应该会对产品感兴趣，并且会趁着购物节的热潮购买该产品。

总之，把握好时机是培养主播语言能力的重要因素之一，只有选对时机，才能让用户接受你的意见，对你讲的内容感兴趣。

2. 幽默风趣，折射涵养

在这个人人"看脸"的时代，颜值虽然已经成为直播界的一大风向标，但想要成为直播界的大咖级人物，光靠脸和身材是远远不够的。

有人说，语言的最高境界就是幽默。幽默的表达会让人觉得很风趣，还能折射出一个人的内涵和修养。所以，一个专业主播的养成，也必然少不了幽默的技巧。具体来说，主播可以从4个方面让自己的表达更加幽默风趣。

1）收集素材

善于利用幽默技巧，是一个专业主播的成长必修课。幽默表达的第一步就是收集幽默素材，然后合理运用，简而言之就是"先模仿再创新"。

主播可以利用生活中收集而来的幽默素材，培养自己的幽默感。比如，主播可以先通过观看他人的幽默段子以及热门的"梗"，再到直播间进行模仿，或者利用故事讲述出来，让用户忍俊不禁。用户都喜欢听故事，而故事中穿插幽默语言则会让用户更加全神贯注，全身心都投入主播的讲述之中。

幽默也是一种艺术，艺术来源于生活而高于生活。生活中很多幽默故事就是由生活的片段和情节改编而来的。

2）抓住矛盾

当一名主播已经有了一定的阅历，对自己的粉丝也比较熟悉，知道粉丝喜欢什么或者讨厌什么时，主播就可以适当地攻击粉丝讨厌的事物以获得幽默的效果。

例如，粉丝讨厌公司的食堂，认为食堂饭菜实在难以下咽，那么主播就可以这样说："那天我买了个包子，吃完之后从嘴里拽出了一根两米长的绳子。"只有抓住事物的主要矛盾，才能摩擦出不一样的火花。主播在抓住矛盾、培养幽默技巧的时候，可以遵循这6大要点，分别是积极乐观、与人为善、平等待人、宽容大度、委婉含蓄和把握分寸。

主播在提升自身的幽默技巧时也不能忘了应该遵守的相关原则，这样才能更好地引导用户，给用户带来高质量的直播。

3）幽默段子

"段子"本身是相声表演中的一个艺术术语。随着时代的变迁，它的含义不断拓展，也多了一些"红段子、冷段子、黑段子"的独特内涵。这些"段子"近几年一直频繁活跃在互联网的各大社交平台上。

幽默段子作为最受人们欢迎的幽默方式之一，也得到了广泛的传播。微博、综艺节目、朋友圈里将幽默段子运用得出神入化的人比比皆是，这样的幽默方式也赢得了众多粉丝的追捧。

幽默段子是吸引用户注意力的绝好方法。主播想要培养幽默技巧，就需要努力学习段子，用段子来征服粉丝。例如，国家级段子手某主持人在新闻直播间内总是能讲出许多幽默段子，因此吸引了不少粉丝关注，甚至还获得了"行走的段子手"的称号。如图10-3所示，为央视主持人朱某的微博首页，我们可以看到其微博粉丝已经超过了330万。

图10-3　央视主持人朱某的微博首页

4）自我嘲讽

讽刺是幽默的一种形式，相声就是一种讽刺与幽默相结合的艺术。讽刺和幽默是分不开的，要想掌握幽默技巧，就必须学会巧妙地讽刺。

最好的讽刺方法就是自黑。这样的话既能逗粉丝开心，又不会伤了和气。因为粉丝不是亲密的朋友，如果对其进行讽刺或吐槽，很容易引起他们的反感和愤怒。比如，不少著名的主持人为了获得节目效果，经常会进行自黑，逗观众开心。

在现在很多直播中，主播也会通过这种自我嘲讽的方式来将自己"平民化"，逗粉丝开心。自我嘲讽这种方法只要运用恰当，获得的效果还是相当不错的。当然，主播也要把心态放正，将自黑看成是一种娱乐方式，不要太过认真。

例如，某主播常常会遭到粉丝对她身高的嘲讽，因此她在《脱口秀大会》上就自己的身高进行了自我嘲讽。她表示："以后在蒙面类节目可以先看脚上穿的是什么鞋，如果是一个穿着15厘米的高跟鞋的女性，那不用猜，这个人就是我。"

3. 直播内容，做好策划

直播是一个系统工程，直播运营者要想做好一场直播，就要先对直播的内容进行必要的策划。那么，如何进行直播内容的策划呢？以电商直播为例，在做直播内容策划时需要把握以下4点。

1）讲述产品特点

主播需要让用户了解你的带货产品，可以直截了当地讲述产品的主要特点。所谓产品的主要特点，就是指产品的作用以及优势。例如，在介绍纸尿裤时，可以讲述纸尿裤的弹性很好，并且在屏幕前进行演示，如图10-4所示。

图10-4　纸尿裤的优点讲述以及展示

2）讲述产品价格

熟悉完产品之后，需要讲述产品的价格，在价格上可以突出本次直播的优惠力度，以及购买福利，还可以借助动作手势进行表达。当主播讲述时，在直播间右下方产品信息栏中也会显示产品的价格，如图10-5所示。

图10-5　右下方显示产品价格

3）试穿效果展示

在服饰类直播中，主播可以进行试穿，或者让模特进行试穿，向用户展示试穿效果。如图 10-6 所示，为淘宝直播中主播进行汉服的试穿效果展示。

图 10-6　主播展示汉服试穿的效果

4）讲述产品数量

产品的数量包括直播间中本次上架的数量以及剩下的数量。主播可以对上架的产品数量进行限制或者将产品批次上架，从而营造库存紧张的气氛。例如，主播可以对用户说："xxx 库存仅 100 件，先付款先得。"如果产品没有了，或者已经下架了，主播也需要在直播间内提醒用户。

4. 粉丝提问，积极应对

有时候，粉丝会让主播回答热点问题，不管是粉丝还是主播，都对热点问题会有一种特别的关注。很多主播会借助热点事件吸引用户观看直播。而粉丝观看直播时，往往想知道主播对这些热点问题的看法。

有些主播为了吸引眼球，或者进行炒作，故意做出违反三观的回答。这种行为是极其错误且不可取的，虽然主播的名气会因此在短时间内迅速提升，但其带来的影响是负面的和不健康的，这会造成粉丝的大量流失，更糟糕的是主播再想要吸引新粉丝加入将变得更加困难。

那么，主播应该如何正确评价热点事件呢？可以从 3 点入手。

（1）客观中立。

（2）坚持正确的三观。

（3）不偏袒任何一方。

当用户对主播进行提问时，主播一定要积极回复。这不仅是态度问题，还是获取用户好感的一种有效手段。那么，该怎样积极回复用户的提问呢？

一是用户进行提问之后，尽可能快速回复，让用户觉得你一直在关注直播间弹幕的情况。

二是尽可能回复用户的提问，这可以让提问的短视频用户感受到你对他的重视，主播回复的弹幕越多，获得的粉丝可能就会越多。

▶ 100 掌握聊天技巧

如果主播在直播间不知道如何聊天，遭遇冷场怎么办？为什么有的主播能在直播间一直聊得火热？下面笔者将为大家提供4点直播聊天的小技巧，为主播解除直播间"冷场"的烦恼。

1. 感谢之情，随时表达

如果在直播过程中对细节不够重视，那么用户就会觉得主播在直播的过程中，显得有些敷衍。在这种情况下，账号的粉丝很可能会快速流失；相反，如果主播对细节足够重视，用户就会觉得你在用心运营。而用户在感受到你的用心之后，也更愿意成为你的粉丝。

在直播的过程中，主播应该随时感谢用户，尤其是打赏的用户。另外，直播运营者还可以设置欢迎词，对新进入直播间的用户表示欢迎。如图10-7所示，为两个直播间的相关画面，可以看到在这两个直播间中便设置了欢迎词。

除了表示感谢之外，通过细节认真回复短视频用户的评论，可以让用户看到你是在用心运营，也是一种转化粉丝的有效手段。

2. 把握尺度，适可而止

在直播聊天的过程中，主播要注意把握好度，懂得适可而止。例如，在开玩笑的时候，注意不要过度，许多主播因为开玩笑过度而遭到封杀。因此，懂得适可而止在直播中也是非常重要的。

还有一些主播为了火，故意蹭热度。例如，在地震的时候"玩梗"或者发表一些负能量的话题，为引起用户的热议，增加自身的热度。结果反而遭到用户的举报，最后遭遇禁播。如果主播在直播中，不小心说错话，惹怒了粉丝，主播应该及时向粉丝道歉。例如，某带货主播在与明星进行直播时，不小心说错话，最后在微博上真诚地向用户道歉，获得了用户的谅解。

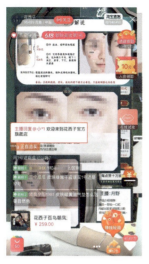

图 10-7　在直播间设置欢迎词

3. 换位思考，为人着想

面对用户提出个人建议时，首先主播可以站在用户的角度，进行换位思考，这样更容易了解回馈信息用户的感受。

主播可以通过学习以及观察来提升自己的阅历，此观察的前提需要心思细腻，也可以细致地注意直播时，以及线下互动时粉丝的态度，并且进行思考、总结，用心去感受粉丝的态度。为他人着想可以体现在 3 个方面，如图 10-8 所示。

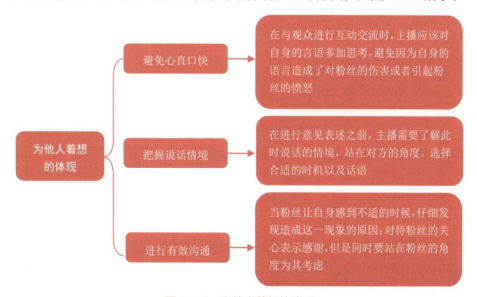

图 10-8　为他人着想的体现

4. 谦虚有礼，态度端正

面对粉丝的夸奖以及批评都需要谦虚有礼，保持端正的态度，即使成为热门的主播也需要保持谦虚。谦虚有礼既能让主播获得更多粉丝的喜爱，也能让主播的直播生涯更加顺畅，并且获得更多的路人缘。

例如，主播张大仙，一直努力直播，即使被抨击也并不会反击，而是欣然接受，谦虚的态度使得他的路人缘很好。如图10-9所示，为微博粉丝对他的称赞。

图10-9　粉丝对张大仙的称赞

101　了解销售语言

在直播中，主播要想赢得流量，获取用户的关注，就要掌握好销售语言。下面笔者将为大家讲述5大方法，帮助主播提高销售变现能力。

1. 详细讲解，提高价值

主播推出产品之后，可以对产品从以下几个角度进行讲解，从而更好地提高产品的价值，如图10-10所示。

如图10-11所示，为某品牌运动鞋的直播画面。在这场直播中，主播对该品牌和其旗下产品进行了详细的讲解。因为该品牌本来就是一个国际知名的运动鞋品牌，而且相关产品的功效也获得了消费者的认同。所以，该直播很快就获得了一定的购买量。

2. 提出问题，直击痛点

如何在直播中提出问题？以电商直播为例，在介绍之前，主播可以利用场景化的内容，先表达自身的感受和烦恼，与用户进行沟通，然后再引出问题，并且让这个问题在直播间成为讨论的话题。

图 10-10 提升产品价值的讲解角度

图 10-11 某品牌运动鞋的直播画面

如图 10-12 所示,为某直播的相关画面,在该直播中主播针对脸上长痘这个痛点,促进交易为用户提供了解决方案。

3. 放大问题,增加购买

在提出问题之后,还可以将问题适当地放大。例如,在美妆产品类直播过程中,主播可以将防晒的重要性以及不做防晒的危害适当夸张,让用户在更加注意防晒的同时,提升用户购买相关产品的意愿。

在抖音直播中,某主播就是通过讲述美白护肤的重要性,以及不做护肤可能产生的一系列问题,然后再介绍产品的功能,激发了用户对护肤产品的购买欲望,如图 10-13 所示。

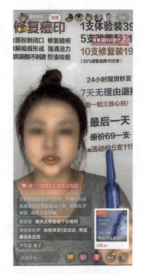 

图 10-12　针对用户痛点进行的直播

图 10-13　抖音直播中通过放大问题激发用户的购买欲望

102　策划直播方案

当平台和主播确定好直播脚本的方向后,为了使整场直播获得更好的效果,就需要制定出清晰而明确的活动策划方案。

这样便于工作人员对活动方案有一个明确的认知，以及判断它的可操作性，在这个环节，应让所有的参与直播的工作人员清楚地了解活动策划要点、类型以及产品的卖点、直播间的节奏，从而据此制定相关的话术，保证直播的有序进行。

1. 直播策划要点

脚本策划人员在制作脚本的时候，可以根据实际情况，考虑一次制作完一周的直播间脚本策划。这种节奏，便于主播、工作人员安排时间，同时也能使一周的直播任务紧密衔接。临时做脚本策划的话，会有很多细节被疏忽。

除此之外，在制作直播脚本的时候，可以把活动策划的点细分到主播在直播间的每个时间段。这样可以让主播把握整个直播节奏，通过话术从容地带货。

2. 直播活动类型

直播活动策划的类型有以下两种。

1）通用或基础活动

这种直播活动的力度属于中等程度，常见的直播活动形式包括新人关注专项礼物、抢红包雨、开播福利、下播福利等。

在直播中，不同的时间段有什么通用活动，都需要在脚本中明确，这样主播才可以通过话术从容地对观众、粉丝进行引导，增加用户的停留时间，从而提高直播间的流量。

2）专享活动

这种活动的力度比较大，可以设置成定期活动，比如，主播固定进行每周1元秒杀、周二拍卖等活动，或其他类型的主题活动。

这种大力度的周期活动不要求每天都进行，但活动力度一定要大，这样才可以通过话术的引导，快速提高产品的销量。同时，由于这种活动的吸引力度很大，可以促使观众去记住这个直播间。

3. 产品卖点和节奏

直播间的商品可以分为爆款、新品、常规、清仓这几种类型。主播需要对不同类型的商品进行卖点提炼，同时要在直播脚本上安排固定的时间段来进行商品推荐和商品讲解，这些都需要注意。

如果是服装类的带货产品，需要主播不断地补充相关的服装知识，因为服装流行的款式、风格一直在不断更改、变化。如果主播在开播前没有熟悉直播间的流程和商品信息，那么就容易让主播在直播间处于一种尴尬冷场的局面，也就失去了直播过程中该有的商品推荐和销售节奏。

103 欢迎用户话术

在直播的过程中，主播如果能够掌握一些通用的话术，会获得更好的带货、变现效果。下面笔者就来对直播通用话术进行分析和展示，帮助大家更好地提升自身的带货和变现能力。

1. 用户进入，表示欢迎

当有用户进入直播间之后，直播的评论区会有显示。主播在看到进直播间的用户之后，可以对其表示欢迎。

当然，为了避免欢迎话术过于单一，主播可以在一定的分析之后，根据自身和观看直播的用户的特色来制定具体的欢迎话术。具体来说，常见的欢迎话术主要包括以下4种。

（1）结合自身特色：如"欢迎xxx来到我的直播间，希望我的歌声能够给您带来愉悦的心情"。

（2）根据用户的名字：如"欢迎xxx的到来，看名字，你是很喜欢玩《xxx》游戏吗？真巧，这款游戏我也经常玩"。

（3）根据用户的账号等级：如"欢迎xxx进入直播间，哇，这么高的等级，看来是一位大佬了，求守护"。

（4）表达对忠实粉丝的欢迎：如"欢迎xxx回到我的直播间，差不多每场直播都能看到你，感谢一直以来的支持"。

2. 用户支持，表示感谢

当用户在直播中购买产品，或者给主播刷礼物时，主播可以通过一定的话语对用户表示感谢。

（1）对购买产品的感谢：如"谢谢大家的支持，xxx产品不到1小时就卖出了500件，大家太给力了，爱你们哦"。

（2）对刷礼物的感谢：如"感谢xx哥的嘉年华，这一下就让对方失去了战斗力，估计以后他都不敢找我PK了。xx哥太厉害了，给你比心"。

104 提问引导用户

在直播间向用户提问时，主播要使用更能提高用户积极性的话语。对此，笔者认为，主播可以从以下两个方面进行思考所述。

（1）提供多个选择项：让用户自己选择。如"接下来，大家是想听我唱歌，还是想看我跳舞呢"？

（2）让用户更好地参与其中：如"想听我唱歌的打1，想看我跳舞的打2，我听大家的安排，好吗"？

105 引导用户助力

主播要懂得引导用户，根据自身的目的，让用户为你助力。对此，主播可以根据自己的目的，用不同的话术对用户进行引导，具体如下所述。

（1）引导购买：如"天啊！果然好东西都很受欢迎，半个小时不到，xxx已经只剩下不到一半的库存了，要买的宝宝抓紧时间下单哦"！

（2）引导刷礼物：如"我被对方超过了，大家加把劲，让对方看看我们的真正实力"！

（3）引导直播氛围：如"咦？是我的信号断了吗？怎么我的直播评论区一直没有变化呢？喂！大家听不听得到我的声音呀，听到的宝宝请在评论区扣个1"。

每场直播都有下播的时候，当直播即将结束时，主播应该通过下播话术向用户传达信号。那么，主播如何向用户传达下播信号呢？主播可以重点从以下3个方面进行考虑。

（1）感谢陪伴：如"直播马上就要结束了，感谢大家在百忙之中抽出宝贵的时间来看我的直播。你们就是我直播的动力，是大家的支持让我一直坚持到了现在。期待下次直播还能再看到大家"！

（2）直播预告：如"这次的直播接近尾声了，时间太匆匆，还没和大家玩够就要暂时说再见了。喜欢主播的朋友可以明晚8点进入我的直播间，到时候我们再一起玩呀"！

（3）表示祝福：如"时间不早了，主播要下班了。大家好好休息，做个好梦，我们来日再聚"！

106 推销产品话术

主播在直播过程中，除了要把产品很好地展示给用户以外，最好还应掌握一些销售技巧和话术，这样才可以更好地进行商品的推销，提高主播自身的带货能力，从而可以让主播的商业价值得到增值。

由于每一个用户的消费心理和消费关注点都是不一样的，在面对合适或有需求的商品时，仍然会由于各种细节因素，导致最后没能下单。

面对这种情形，主播就需要借助一定的销售技巧和话语来突破用户最后的心理防线，促使用户完成下单行为。本节将向读者介绍3种销售的技巧和话术，帮助大家提升带货技巧，创造直播间的高销量。

1. 强调产品，大力推荐

强调法，也就是需要不断地向用户强调这款产品是多么好，多么适合粉丝，类似于"重要的话说三遍"这个意思。

当主播想大力推荐一款产品时，就可以不断地强调这款产品的特点，以此营造一种热烈的氛围，在这种氛围下，粉丝很容易跟随这种情绪，不由自主地就会下单。主播在带货时，可以反复强调此次直播间产品的优惠力度，例如，福利价五折、超值优惠、购买即送某某产品等。

2. 示范推销，亲身体验

示范法也叫示范推销法，就是要求主播把要推销的产品展示给用户，从而激起用户的购买欲望。

由于直播销售这种局限性，使用户无法亲自看到产品，这时就可以让主播代替消费者来对产品进行体验。对于粉丝来说，由于主播相对更加了解产品的风格和款式，由主播代替自己来体验产品，粉丝也会更加放心。如图10-14所示，介绍了方法推销的操作方法。

图10-14 示范推销法的操作方法

1）灵活展示自己的产品

示范推销法是一种日常生活中常见的推销方法，不管是商品陈列摆放和当场演示，还是模特展示商品的试用等，都可以称之为示范推销法。

它的主旨就是希望让消费者获得一种亲身感受产品优势的效果，同时通过把商品的优势全部展示出来，吸引用户的关注。现在的电商直播都会选择这种方式，对产品细节、美食的口味进行试用。

2）善于演示和讲解产品

对于销售人员来说，善于演示和讲解产品是非常必要的，毕竟说得再多，不如让用户亲自试用一下产品,尤其能让用户亲自来试用商品就更好了,就像出售床上用品的商家一样,创造一个睡眠环境,让用户在床上试睡。

3. 限时优惠,心理压迫

限时法是直接告诉消费者,现在举行某项优惠活动到哪天截止,在这个活动期用户能够得到什么。此外,主播还可提醒消费者,在活动期结束后再想购买,就会花费不必要的经济支出。

"亲,这款服装,我们今天做优惠降价活动,今天就是最后一天了,你还不考虑入手一件吗?过了今天,价格就会回到原价位,和现在的价位相比,足足多了几百元呢!如果你想购买该产品的话,必须得尽快做决定哦,机不可失,时不再来。"

通过这种推销方法,会带给用户有一种错过这次活动,之后再买就亏大了的心理,同时通过最后的期限,能使用户有一种心理紧迫感。

主播在直播间给用户推荐产品时,就可以积极运用这种方法,通过销售话术给他们制造紧迫感,也可以在直播界面通过显示文字来提醒用户。

107 引导用户购买

主播在引导用户购买产品时,可以从介绍产品和赞美用户两个角度运用直播话术。

1. 介绍产品,劝说购买

介绍法是介于提示法和演示法之间的一种话术方法。主播在直播间直播时,可以用一些生动形象或有画面感的话语来介绍产品,达到劝说消费者购买产品的目的。下面笔者就来向大家描述一下介绍法的 3 种操作方法,如图 10-15 所示。

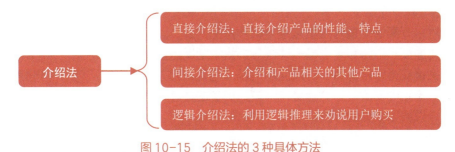

图 10-15　介绍法的 3 种具体方法

1）直接介绍法

直接介绍法是销售工作人员直接向用户介绍或讲述产品的优势和特色，从而达到劝说消费者购买的目的。这种推销方法的优势是非常节约时间，可以直接让用户了解产品的优势，省掉不必要的询问过程。

例如，某款服饰的材质非常轻薄贴身，适合夏季穿着，主播可以直接介绍服装的优点，突出产品的优势，或者在直播间标明服装可以用消费券，以吸引用户购买，如图10-16所示。

图10-16　主播在介绍服饰优点

2）间接介绍法

间接介绍法是采取向用户介绍和产品本身相关、密切的其他产品来衬托介绍产品本身。例如，如果主播想向用户介绍服装的质量，不必直接介绍服装的质量，而应采用介绍服装的做工、面料的方式表明服装的质量过硬，值得购买，这就是间接介绍法。

3）逻辑介绍法

逻辑介绍法是销售人员采取逻辑推理的方式，达到说服用户购买产品目的的一种沟通推销方法。这也是一种线下销售中常用的推销方法。

主播在进行推销时，可以向用户说"用几次奶茶钱就可以买到一件美美的服装，你肯定会喜欢"，这就是一种较为典型的推理介绍，是一种以理服人、顺理成章、说服力很强的方法。

2. 赞美用户，引导购买

赞美法是一种常见的推销话语技巧，这是因为每一个人都喜欢被人称赞，喜欢得到他人的赞美。在这种赞美的情景之下，被赞美的人很容易情绪高涨愉悦，也很容易在这种心情的引导下作出购买行为。

三明治赞美法属于赞美法里面比较被人推崇的一种表达方法，它的表达方式首先是根据对方的表现来称赞他的优点；然后再提出希望对方改变的不足之处；最后，重新肯定对方的整体表现状态。通俗的意思是先褒奖，再说实情，再说一个总结的好处。如图10-17所示，为三明治赞美法的同理心表达形式。

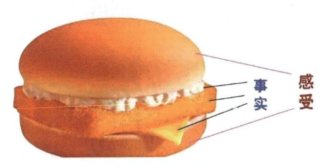

图10-17　三明治赞美法的同理心表达公式

在日常生活和主播销售中，主播可以通过三明治赞美法来进行销售。例如，当粉丝担心自己的身材不适合这件裙子时，主播就可以向粉丝说，这条裙子不挑人，大家都可以穿，虽然你可能有点不适合这款裙子的板型，但是你非常适合这款裙子的风格，不如尝试一下。

108　回答问题话术

了解了直播间的模板以及直播话术的方法之后，在本节中，笔者将总结一些针对直播间卖货观众常问及的提问解答示范，这样可以更好地帮助主播应对直播间的提问，确保直播带货的顺利进行。

1. X号宝贝，试用一下

第一个常见的提问为"X号宝贝，可以试一下吗？"，用户之所以会问这一类型的问题，就表示用户在观看的时候，对该产品产生了兴趣，需要主播进行试用，所以提出使用的要求。

主播面对这类提问时，可以对用户的问题进行回答，并及时安排试用或试穿产品。例如，在某服装直播中，部分粉丝要求主播试穿27号产品。因此，主播在展示完一套衣服之后，便快速换上了27号产品，并将试穿效果展示给用户看，如图10-18所示。

图10-18　试穿展示给用户

2. 主播身体，多高多重

第二个常问的问题是问主播的身高以及体重，在直播间中，通常会显示主播的身高以及体重信息，但是有的观众没有注意到，主播可以直接回复她，并且提醒一下上方有信息，有其他问题可以继续留言。如图10-19所示，为某直播主播的信息（如身高、体重等）。

3. 产品尺码，是否适用

第三类问题是观众在直播间内问主播："我的体重是xx kg，身高是xxx cm，这个产品我用着合适吗？"对于这类问题，主播可以要求用户提供具体身高体重信息，再给予合理意见；或者询问用户平时所穿的尺码，例如连衣裙，可以说是标准尺码，平时穿L码的用户，可以选择L码，也可以自行测量一下自身的腰围，再参考裙子的详情信息比对，选择适合自己的尺码。

当然，直播运营者也可以直接在直播间列出尺码参考表，如图10-20所示。当用户询问这一类问题时，直接让用户查看尺码参考表就可以了。

4. 质问主播，没有理会

有时候粉丝会质问主播，为什么不理人，或者责怪主播没有理会他，这时候主播需要安抚该用户的情绪,可以回复说没有不理会他,并且建议用户多刷新几次。如果主播没有安抚他的话,就可能会丢失这个客户。

图10-19 主播身高体重信息栏

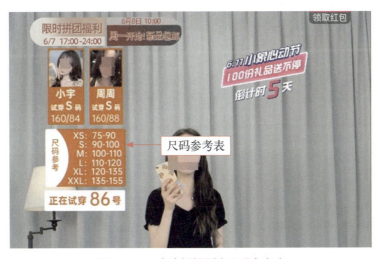

图10-20 在直播间列出尺码参考表

5. X号宝贝,价格多少

用户之所以会问这个问题,主要就是因为他没有看商品详情,或者是没有找到商品详情页面。对于这个问题,主播可以直接告知产品的价格,或者告诉用户如何找到商品详情页面。如图10-21所示,该用户直播完后,直接在短视频标题中提示用户前往快手小店下单。

短视频文案编写从入门到精通（108招）

图 10-21 提示用户